理系教職のための

教育入門

東野　充成
谷田川ルミ

【編著】

学文社

執 筆 者

＊東野　充成　九州工業大学教養教育院教授
　　　　　　　……（第1章，第10章3，第11章，第13章，第14章1，コラム）

　田代　武博　西日本工業大学工学部教授 ……………（第2章，第5章）

　住田　正樹　九州大学名誉教授・放送大学名誉教授 ………（第3章）

　森下　　稔　東京海洋大学学術研究院教授…（第4章，第10章5，コラム）

　黒田　友紀　日本大学理工学部准教授 ……………（第6章，第10章2）

＊谷田川ルミ　芝浦工業大学工学部准教授
　　　　　　　………………（第7章，第10章4，第12章，第14章2，コラム）

　武内　　清　上智大学名誉教授・敬愛大学名誉教授 ………（第8章）

　大島　真夫　東京理科大学教育支援機構講師 ……（第9章，第10章1）

　高島　秀樹　明星大学名誉教授 ………………………………（第11章）

《コラム》

　西野　和典　九州工業大学教養教育院教授
　高橋　利明　兵庫県立小野工業高校教諭
　高村　真彦　東京都板橋区立高島第二中学校主幹教諭
　神谷　隼基　静岡県立御殿場高等学校教諭
　上村　一樹　東京工業大学大学院生

（執筆順・＊は編者）

はじめに

　本テキストの執筆陣の多くは，工学部や理学部など，理系の大学・学部で教職課程を担当する教員である。したがって，本書の主な読者は，数学，理科，工業，情報などの教員免許状の取得を目指している学生たちである（もちろん，文系学部に所属する学生にとっても，現職の教師の方にとっても，読み応えのあるものであると自負している）。特に，「教育に関する社会的，制度的又は経営的事項」に関する科目，たとえば，教育社会学や教育制度論といった科目で用いることを想定したものである。

　こうした科目に関する教科書はすでに多く出版されている。それらの中には，テキストとしても学術書としても大変すぐれたものが多数ある。しかし，理系の大学で教職課程を履修する学生に特化したものはほとんど見られない。もちろん，教職課程の授業で使うことを想定している以上は，教員免許状を取得するうえで欠かせない，教育に関する主要なトピックスは押さえられている。一方で，理系の学生だからこそ学習してほしい，教育に関する話題や課題も多くある。一般的な教職課程のテキストでは，どうしてもこうした点は薄くなりがちである。

　たとえば，進路指導やキャリア形成はほとんどのテキストで扱われる重要な問題であるが，工業高校について扱われることは少ない。工業高校の卒業生といえばかつては就職することがほとんどだったが，現在ではその進路も多様化している。こうした話題については他のテキストではあまり目にすることはないが，理系の大学や学部で教職課程を履修する学生にはぜひ知っておいてほしいことを，本書では多く扱っている。

　とりわけ，各章の間に挟まれたコラムは，それぞれ簡潔にまとめられているが，非常に興味深いものばかりである。たとえば，工業高校における部活動とものづくりの関係，学校評価とPDCA，数学や理科の先生からのメッセージなど，現職の理系の先生方からの「生の声」を読むことができる。そのほか，プログラミング学習，教育開発とICT，理系と女性など，今日的な話題から，学術的にも

興味深いものまで，さまざまなトピックスが取り上げられている。こうしたコラムを通して，教育をめぐるさまざまな問題に関して，少しでも興味をもってもらえたら幸いである。

　工業立国や科学技術立国を国是とする日本にとって，理科や数学，工業などの教師は，国を下支えする人材を育成するという点で，非常に重要な役割を担っている。しかし，理系の教師になるということは，将来有用な労働者や経営者を生み出す役割を担う，ということに収斂するわけではない。科学やものづくりの面白さを伝え，科学的な思考方法を鍛え，重要な技能や技術を次の世代に伝承するという，教育において根本的な役割を担っている。ここに，教育について深く学ぶことの意味がある。将来教師になることを目指している人は，本書を通して，教育の面白さと難しさを感じ取ってほしい。

　一方で，教員免許状の取得は目指しているが，進路選択について悩んでいる，あるいははじめは企業や官庁で働きたいと考えている学生も多いだろう。そうした勤務経験は，教師とってプラスになることはあれ，マイナスになることは決してない。それは，社会での経験や実践的な知識・技術を子どもたちに教えられるという実際的な理由もあるが，そうした経験が教育のあり方について考究を深める契機や触媒ともなりうるからである。

　この点は，本書に通底するテーマのひとつである。今日，日本で「教育」というと，正方形に区切られた教室で子どもたちが黒板のほうを向いて整然と机を並べ，ひとりの教師が教科書を読みながら，あるいは板書をしながら授業を進めるという光景を思い浮かべる方が多いだろう。多くの人が経験してきた学校体験である。しかしながら，こうした教育の形態が成立するのは，近代以降の話である。近代化を経験した国々で，一種のグローバル・スタンダードとして普及していった。逆にいえば，現代でも近代化を経験していない地域，近代化の途上にある地域では，また別の教育の形があるということである。さらに，グローバル・スタンダードといっても，それぞれの地域にはそれぞれ固有の歴史や文化があり，その摩擦や折衝の中で，教育の形はまた変質する。このように，教育と一言で言っても，歴史的・文化的な多義性を有している。本書を通して，このような

教育の多義性や多様性を感じ取ってほしい。

　しかも，教育の主体は学校に限定されるわけではない。むしろ，近代以前は家族，地域，職業集団こそが教育の主体であり，学校が教育の主体となったのはごく最近のことに過ぎない。むろん現在でも，これらの集団は教育の重要なエージェントである。同じように，教育の対象も「子ども」に限られるわけではない。第2章で論じられるように，「子ども」自体が近代に「発見」された存在であるとするならば，「子ども」がいるから学校があるのではなく，学校という営みが「子ども」という存在をつくり出したのかもしれない。いずれにせよ，学校＋子ども＝教育という図式を読者の皆さんには取り払ってほしいというのが筆者らの思惑のひとつである。

　もうひとつは，教育における個人と社会の関係について学んでほしい。教育は，個人の人格の完成を期して，また，生涯にわたって個人が社会の中で生きていくための習慣やマナー，知識や技術・技能を身につける営みであるが，同時に社会にとっても，その社会にふさわしい人間をつくり出す営みである。とりわけ，国民国家という枠内で成立した学校教育は，その国家にふさわしい人間を生み出すという性格を否応なく有している。したがって，国民国家という枠組みが変容を見せ始めたとき，その社会にふさわしい人間像も変化する（第13章参照）。そして，こうした変化は，一国の教育制度・教育政策から，個々人の志向まで，さまざまな水準で大きな影響を及ぼす。このように，教育という営みは，個人，家族，国家，社会の思惑が絡み合うダイナミックな現象であり，個人や家族の思惑も，それが集合体となったとき，別の水準の社会的諸力を生み出す。こうした，教育をめぐるダイナミックな関係性をぜひ感じ取ってほしい。

　ふとしたときに本書が目にとまって，大学での教職課程の授業を思い出し，教師として働きたいと思うきっかけとなれば，筆者らにとって望外の喜びである。

2018年3月

編著者を代表して　東野　充成

目　次

はじめに　　i

第1章　教育の役割と公教育制度 ……………………………………… 1

　はじめに　1

　第1節　学校教育と平等　2

　　1．メリトクラシーと平等　2／2．学校教育と不平等　3

　第2節　教育における自由化と保守化　5

　　1．臨時教育審議会の設置と新自由主義　5／2．教育における保守化　6

　第3節　公教育の再編　7

　　1．公教育と不登校現象　7／2．オルタナティブな「学校」　10

　おわりに　11

第2章　子どもの歴史 ……………………………………………… 16

　はじめに　16

　第1節　子どもの歴史の描写方法　17

　　1．アリエスと社会史　17／2．家族史，関係史からとらえる子ども　17

　第2節　子育てと通過儀礼の歴史　18

　　1．ヨーロッパの育児習俗と子育て・子ども観　18／2．日本の子育て・子ども観　19／
　　3．子どもを一人前にする　20

　第3節　子ども観の変容─児童中心主義─　21

　　1．児童中心主義　21／2．ヨイコ（よいこ）　22

　第4節　共同体の中の子ども　23

　　1．子供組・若者組・青年団　23／2．共同体衰退の中での子ども　25

　おわりに　26

第3章　人間形成と社会化 ……………………………………… 30

はじめに　30

第1節　人間形成の過程と文化の学習　30

　1．人間形成の過程と社会化　30／2．社会からの隔絶—アヴェロンの野生児—　32／
　3．文化の学習と発達課題　33

第2節　社会化と第一次集団　35

　1．社会化と相互作用　35／2．第一次集団と第二次集団　36

第3節　子どもの社会化と第一次集団の系列　37

　1．子どもの社会化と集団の系列　37／2．子どもの社会化の過程と準拠集団の移行　39

おわりに　40

第4章　教育制度の国際比較 ……………………………………… 43

はじめに　43

第1節　アジアの教育制度から考える　44

第2節　ヨーロッパの教育制度から考える　46

第3節　南北アメリカの教育制度から考える　48

第4節　世界共通の教育課題を考える　51

おわりに　52

第5章　日本の学校の成立と発展 ………………………………… 56

はじめに　56

第1節　近代公教育体制の整備　57

　1．学制の制定　57／2．学校令の制定　58／3．教育勅語の成立と学校　59

第2節　学校の定着・拡充　59

　1．義務教育の徹底と実業教育の制度的充実　59／2．中等教育の進展　60／3．臨時
　教育会議　61／4．新教育学校の展開　61／5．戦時下の学校　62

第3節　戦後の学校制度　63

　1．敗戦後の学校の動向と戦後教育改革　63／2．高度経済成長期の学校　64／3．中
　等教育改革　64

目　次　v

おわりに　65

第6章　カリキュラム／学校経営・学級経営 ……………………………… 69

はじめに　69

第1節　戦後学習指導要領の変遷　70

　1．戦後復興・民主主義を実現する教育から高度成長期の教育へ　70／2．「ゆとり教育」の展開　71

第2節　PISA以後に求められている学力・能力　73

　1．PISA型学力　73／2．資質・能力の涵養を求める社会　74

第3節　カリキュラム・マネジメントと学校／学級経営　76

　1．カリキュラム・マネジメントとは何か　76／2．カリキュラムを編成する：教科横断的な取組み・学校間連携　77／3．学校経営としてのカリキュラム・マネジメント　79

おわりに　79

第7章　教育環境と教育課程―学校の時間と空間― ……………………… 83

はじめに　83

第1節　学校と教室の「時間」　83

　1．時間割の形式　83／2．時間割編成の柔軟化　84／3．さまざまな時間割編成の方法　85

第2節　学校と教室の「空間」　87

　1．現在の学校の教室空間の特徴　87／2．教育が学校建築を変える？学校建築が教育を変える？　88

おわりに　90

第8章　学校文化・教師文化・生徒文化 …………………………………… 93

はじめに　93

第1節　学校という場　93

　1．学校の構成要素　94／2．家庭と学校の違い　94／3．隠れたカリキュラム　95／4．学校の組織的特質　96

第2節　教師文化　97

　1．現代教師の役割　97／2．教師の学び　98／3．教師の意識　99

第3節　　生徒文化　102

　1．青年期の発見　102／2．生徒文化の出現　103

おわりに　104

第9章　キャリアと学校 …………………………………………… 106

はじめに　106

第1節　学校教育は役に立つのか　106

　1．教科の勉強は役に立つのか　106／2．教科以外で学ぶこと　107／3．卒業証書のもつ意味　108

第2節　進路指導とキャリア教育　109

　1．進路指導の多様性　109／2．学校教育における進路指導の位置づけ　110／3．キャリア教育　111

第3節　高校生への就職指導　112

　1．高校卒業後に就職する人たち　112／2．高校生への就職指導の特徴　113

第4節　多様な進路　114

　1．高校中退　114／2．高校卒業後の進学先　115

おわりに　116

第10章　学校におけるリスクと安全 …………………………… 119

はじめに　119

第1節　学校保健安全法　119

　1．学校保健安全法の構成　119／2．学校安全計画　120／3．危険等発生時対処要領　121

第2節　安全教育と安全管理　121

　1．安全教育で身につけたい力　121／2．具体的な取組み　122

第3節　学校事故　124

目　次　vii

第4節　防災教育　126

　　1. 防災教育の必要性　126 ／ 2. 家庭・学校・地域社会との連携　128 ／ 3. 学校教育における防災教育の展開　129

第5節　防災教育の国際協力　130

おわりに　131

第11章　地域社会と学校　…………………………………………………………………　134

はじめに　134

第1節　地域社会と子どもの社会化　135

　　1. 地域社会における子どもの社会化　135 ／ 2. 子どもに関する地域集団　137

第2節　学校と地域の連携　139

　　1. 地域学校協働本部　139 ／ 2. コミュニティ・スクール構想の問題点　141

第3節　学校選択制と学校統廃合　142

おわりに　144

第12章　階層・再生産と家族の教育的機能　…………………………………………　146

はじめに　146

第1節　家庭・家族の教育的機能　146

第2節　文化と階層　148

　　1. 文化と文化資本　148 ／ 2. 学校教育と文化的再生産　149 ／ 3. 「言語コード」による再生産　150 ／ 4. 文化資本とジェンダー　151

第3節　ペアレントクラシーの時代　152

　　1. メリトクラシーからペアレントクラシーへ　152 ／ 2. 日本におけるペアレントクラシー　154

おわりに　155

第13章　社会変動と教育　………………………………………………………………　158

はじめに　158

viii

第1節　情報社会と教育　159

　1．メディアと教育の相克　159／2．メディアがつなぐ対人関係　160／3．情報社会における教育の課題　162

第2節　グローバル社会と教育　163

　1．「国家と教育」のゆらぎ　163／2．人間開発の教育と持続可能な開発のための教育　165

おわりに　167

第14章　現代の教育課題……………………………………………… 173

はじめに　173

第1節　教師と子どもをめぐる諸問題　173

　1．教師の長時間労働　173／2．体　罰　175／3．いじめ　176

第2節　現代社会における子どもの多様性　177

　1．「ふつう」とは何か　177／2．現代社会における多様な子どもたち　178

おわりに　183

索　引　185

コラム

・理工系教育と人文知 ― 人を知り社会を読み解く力の重要性　　13
・科学技術と教育　　14
・数学教師から ― 公立中学校勤続35年　昔と今 ―　　28
・理科教師から　　41
・工業高校における部活とものづくり　　54
・新任教師から ― 私の教員としての心掛けとアドバイス ―　　67
・学校評価と PDCA の難しさ　　81
・プログラミングと小学校教育について　　92
・学校生活の国際比較　　105
・理工系の大学にはなぜ女子学生が少ないのか？　　118
・SDGs と学校教育　　169
・世界遺産を ICT で保全・管理　　171

| 第1章 | # 教育の役割と公教育制度 |

keywords

メリトクラシー　機会の平等　結果の平等　新自由主義
オルタナティブ・スクール

はじめに

「教育の役割とは？」と尋ねられたら，皆さんはどのような回答をするだろうか。文字が読み書きできるようになること，計算ができるようになること，子どもを一人前にすること，自分でお金を稼いで生活できるようになること，教養を高めること。より良い社会や国をつくるため。おそらくその回答は千差万別であり，かつどの回答も正解である。一方で個人にとって教育を受けることの目的が存在し，一方で社会や国家にとって教育を授ける目的が存在する。どちらも，教育という営みを理解するうえで重要な側面である。

　むろん，各個人にとって教育を受ける目的も多種多様である。学問を修めたい，絵が上手になりたい，スポーツを上達させたい，独り立ちして働けるようになりたい，さまざまな目的の下，各個人は教育へと参加する。これらのさまざまな目的は，突き詰めれば，「個人の人格の完成」ということになる。教育基本法第1条に，「教育は，人格の完成を目指し，」と規定されているのは，この趣旨である。一方，社会にとっても教育を授ける目的はさまざまであるが，突き詰めれば，その社会を維持・継承することが一義的な目的である。同じく教育基本法第1条に，「平和で民主的な国家及び社会の形成者」と規定されているのは，日本という国から見て，このような人間を育てることが教育の目的であるということを示している。

人類のほとんどの歴史の中で，教育とは私的な営みであり，一部の例外を除いて，公的に運営されることはほとんどなかった。教育は家庭や地域，職場で完結されるものであり，子どもを大規模に組織化し，学校を公に運営するという教育の形が誕生したのは，近代以降のことである。近代型の学校が登場した経緯については第2章や第5章に譲るとして，現代社会においては多くの国々で，学校教育は公共的な営みであるという認識が共有されている。

　では，なぜ学校教育は近代国家において公的に運営されているのだろうか。そのこたえは，先ほど述べたとおりである。すなわち，社会や国家の形成者を育成し，その集団を次世代へと継承していくためである。しかしながら，ただ単にこれだけなら，学校教育という営みが近代社会においてこれほど普及し，また人々から支持を得ることもなかっただろう。言い換えれば，教育を公に営むことによって，社会はどのような利益を享受することができるのだろうか。本章では，公共性という観点から，公教育制度の役割について考える。

第1節　学校教育と平等

1．メリトクラシーと平等

　学校を公に運営することのひとつの根拠となるのが，社会の平等化を促進するという点である。近代教育の原理をあらわす概念のひとつに，メリトクラシーというものがある。メリトクラシーとは，イギリスの社会学者マイケル・ヤング（Michael Young）がつくり出した言葉で，もともとは，知能指数と努力だけで地位や役割などすべてが決まるディストピア的な未来を描き出すために用いられた。しかし現在では，属性よりも，努力と才能によってその社会的地位を上昇させることができる，という意味で用いられることが多い。近代社会が価値を置く平等という理念を達成するうえで，メリトクラシーの原理に基づく学校教育は大きな役割を担っており，この点が学校教育の公共性を基礎づけるひとつの根拠

となってきた。

　ただし，ここでいう平等がどのような状態を指すのかは，さまざまな見解がある。大別すると，機会の平等を重視する立場と結果の平等を重視する立場とがある。前者は学校教育を受ける機会を平等にすべきという考え方で，性別や居住地，家庭の階層などにかかわりなく，誰もが学校教育を等しく受けられるようにすべきというものである。後者は，学校教育を通して得られる成果を平等にすべきという考え方で，たとえ機会が平等に与えられていても，学校教育の成果が属性等によって不平等に配分されるのなら，その点こそを問題視すべきということになる。

　両者の立場はどちらが優れているというものではなく，教育における平等を考えるうえで，両方とも大事な視点である。理想をいえば，誰もが等しく教育を受けるチャンスが与えられ，誰もが必要十分な成果を獲得できる教育ということになるのだが，その状態に達することはいわば「未完のプロジェクト」である。少なくとも，平等という価値の実現に向けて，学校教育は一定の役割を果たしうると近代社会ではみなされてきたし，誰に対しても等しく機会が与えられるよう，公教育制度は構想されてきた。だからこそ，学校を公的に運営することが許されてきたわけである。

2．学校教育と不平等

　しかしながら，学校教育が社会の平等化を進めるという考え方に対しては，疑義も呈されている。メリトクラシーが社会の平等化を進めるという図式に鋭いメスを入れたのが，苅谷剛彦である。苅谷は『大衆教育社会のゆくえ』(中公新書，1995 年) の中で，日本社会を大衆教育社会と位置づける。その特徴は，①教育が量的に拡大し，多くの人々が長期間にわたって教育を受けることを引き受け，またそう望んでいる社会であること，②メリトクラシーが大衆化し，人が「何であるか」よりも，「何ができるか」「何ができたか」が重要な選抜の基準になっていること，とした。そして，人々が教育の平等性を求めれば求めるほど，メリトク

ラシーの大衆化が進行する。その結果，大衆化したメリトクラシーを通じて生み出される不平等が正当化されるという。

　苅谷が特に注目するのが，能力別に子どもを組織化することを差別ととらえる認識の枠組みである。こうした枠組みが戦後教育を支配する中で，教育の画一的平等化が進み，同じ種類の教育の機会の拡大をもたらした。平等主義的な教育機会の拡大がメリトクラシーの大衆化を推し進め，結果的に教育における競争に人々を先導したという。このように，苅谷の論は，能力別を差別ととらえ平等化を進める戦略が，メリトクラシーの大衆化という競争の激化をもたらしたことを見事に明らかにした。

　そのほかにも，教育社会学を中心に，学校が生み出す不平等についてさまざまな研究がなされている。たとえば，出身階層と教育達成や受ける教育のタイプ，学力などとの関係に関する研究である（第12章参照）。各研究を通しておおむね一致していえることは，高い社会階層出身の子どもほど，家庭の経済力や教育への熱意などを背景として，高い学力，教育達成，社会的地位を獲得しやすいということである。言い換えれば，高い社会階層の家庭は学校を通して子どもの社会的地位を再生産しているということになる。この立場から見れば学校は，社会の平等化を進めるものではなく，格差の維持や拡大に与するものとなってしまう。

　さらに，ジェンダー論の立場からも，学校教育の不平等性が告発されている。教育社会学では，さまざまな研究が学校内においてジェンダー秩序が形成される状況を明らかにしてきた。たとえば，宮崎あゆみ（1991）の研究では，教育場面の統制という職務を実現するため，教師によって「性別カテゴリー」が半ば無意図的に用いられ，それが男性と女性を二分法的にとらえる既存のジェンダー秩序を再生産する過程を明らかにしている。こうしたジェンダー論の諸研究が明らかにする学校は，決してジェンダー間の平等化を進めるものではなく，男性優位のジェンダー秩序を再生産するもの，という見立てが多い。

　封建的な身分制度からの脱却を図るうえで，近代の学校教育は大きな役割を果たしてきた。その原理がメリトクラシーである。しかしながら，学校教育の内部や効果をつぶさに観察してみると，ジェンダーや出身階層といった属性の及ぼ

す影響も大きいようである。近代の学校に期待された，社会的平等の実現という企図はいまだ十分に果たせているとは言い難い。

第2節　教育における自由化と保守化

1．臨時教育審議会の設置と新自由主義

　とはいうものの，国民皆学を実現し，ほとんどの国民が識字能力を獲得できたという意味では，日本の学校教育が実現した成果はとてつもなく大きい。その基盤となったのは，住んでいる地域，家庭の階層，性別などにかかわりなく，無償で同様の教育を受けることができるという，平等を志向した公立学校による義務教育制度である。同時にそれは，一部の人にとっては，自由を奪うしがらみのようなものとしても映るようになってきた。

　公立学校における教育は，多様な子どもたちを受け入れつつ，すべての子どもが一定の能力を獲得できることを目指す以上，どうしても画一的にならざるをえない。この点が，一部の学力が高い子どもや親にとっては不満を呼び起こす。一方で，学力が低い層や，学校文化になじみにくい層にとっても，画一的な公立学校の教育は，学校から離反する引き金となる。つまり，成績が良かったり，何らかの秀でた才能をもっていたりする子どもにとっても，成績が悪かったり，学校そのものに相いれない子どもにとっても，既存の公立学校は窮屈でつまらないものとみなされるわけである。こうして公立学校の硬直性が指摘されるようになった。

　この点を問題視し，その後の学校教育改革に先鞭をつけたのが，1984年に発足した臨時教育審議会（臨教審）である。臨教審では，教育の自由化をめぐって激しい論争を経て，最終的に「個性重視の原則」を基軸とする方針を打ち出した。たとえば高校政策では，6年生の中等学校（現中等教育学校）や単位制高校などの設立を提言し，現在まで続く高校の多様化策の皮切りとなった。臨教審以降の教

第1章　教育の役割と公教育制度　　5

育政策を総括するなら，新自由主義の拡大・深化の過程ということができる。新自由主義とは，多大な財政支出をともなう福祉国家型の政治体制に対する反省を契機に，国家がかかわる領域をできるだけ縮小し，市場の競争にゆだねようとする考え方である。その目的は，財政支出の削減と市場競争の活発化による消費者や受益者の便益の向上にある。教育，福祉，労働など，国家による規制や関与が比較的強かった領域で，この間，新自由主義の波が加速度的に進行した。

　1999年には学校教育法が改正され，中等教育学校が法制化された。2001年にも同法は改正され，県教委がその判断に基づいて高校学区を廃止することができるとされた。後者の改正は地方分権政策の一環という意味合いも強いが，同時に教育制度の自由化を目指すものでもあり，教育サービスの供給主体の多様化と教育を受ける側の選択機会の拡大を企図したものである。なお，学区制の問題に関しては第11章で詳しく論じるが，学校選択制の導入は，教育を受ける側の選択機会を増し，学校間の競争の促進を企図しているという点で，新自由主義を代表する教育政策である。

　そのほかにもさまざまな政策がとられたが，近年の教育政策の動向は，教育を受ける側の自由や選択権を強調するという方向に進んでいる。その一方で，実は教育に対する国家の統制が強められつつある，という現実もある。以下で概観するように，新自由主義は国家統制の強化と両輪となり，その影響力を強めているのである。

2．教育における保守化

　2001年に，地方教育行政の組織及び運営に関する法律が改正され，指導が不適切な教員への対策が導入された。また，学校教育法第42条，43条などでは，学校自身による評価，学校関係者による評価，第三者評価，それらの結果の公表等について学校の（努力）義務を定めている。評価制度は，受益者による選択や学校間の競争を重視する新自由主義にとって，重要なツールのひとつである。と同時に，評価を通じて，学校や教員を直接的に統制する手段でもある。近年学校に

対する評価が急速に拡大しているが，その背景には，教育の新自由主義化と教育に対する管理統制の強化という側面がある（コラム「学校評価とPDCA」参照）。

2006年には教育基本法の改正が実現したが，その中では，国に教育振興基本計画の策定権限が与えられ，地方自治体はそれを参酌して独自の基本計画を策定することが義務づけられた。その他，全国一斉学力テストの復活，日の丸・君が代に関する職務命令の徹底化など，まがりなりにも地方が主体となって，また学校や教員の裁量をある程度認める中で実施されてきた戦後教育を国家的な統制のもとに置こうとする動きも，新自由主義の潮流と同時並行的に存在している。

こうした動きは教育の保守化と位置づけることができる。保守主義については，ここでは，国家による全体的な統制のもと，ナショナルなアイデンティティの醸成を重視し，復古的な家族観や道徳観を志向する立場と位置づけておこう。そして，新自由主義と保守主義は相互作用的にこの間の教育改革を牽引してきた。すなわち，教育サービス供給主体の多様化や教育を受ける側の選択肢の拡大という点では市場モデルを導入しつつ，教育内容や指揮命令といった子どもや教員の内面にかかわる領域では国家の関与を大幅に増大させてきた。この間の教育政策は新自由主義と保守主義の「二人三脚」で進められてきたと位置づけられる。

第3節　公教育の再編

1．公教育と不登校現象

こうした流れに対しては批判も大きいが，新自由主義・保守主義と一口にいっても，その中にはさまざまな政策が含まれているので，批判のパターンにも何種類かある。たとえば，子どもや教師の人権という観点からは，日の丸・君が代や道徳教育のあり方が主題となるし，地方主権という観点からは，国の教育へのかかわり方などが主題となる。本章のテーマである，教育の公共性という観点に立

表 1.1　不登校児童生徒数の推移

年　　度	小学生（人）	全児童数に占める割合(%)	中学生（人）	全生徒数に占める割合(%)
2005（平成 17）	22,709	0.32	122,287	1.13
2006（平成 18）	23,825	0.33	126,894	1.18
2007（平成 19）	23,927	0.34	129,255	1.20
2008（平成 20）	22,652	0.32	126,805	1.18
2009（平成 21）	22,327	0.32	122,432	1.15
2010（平成 22）	22,463	0.32	119,891	1.13
2011（平成 23）	22,622	0.33	117,458	1.12
2012（平成 24）	21,243	0.31	112,689	1.09
2013（平成 25）	24,175	0.36	119,617	1.17
2014（平成 26）	25,864	0.39	122,897	1.21
2015（平成 27）	27,581	0.42	126,009	1.26

出所）文部科学省（2016）より作成。

てば，特に教育の個性化路線と多様化路線は大きな問題をはらんでいる。

　普通教育を教授する公立学校の本義は，誰もが一定水準以上の学力を獲得できるという点にある。個性化よりも公立学校全体の底上げや平準化を目指すべきであるという批判が想起される。また，学校を多様化し選択肢を増やしても，その恩恵を享受できるのは，そもそも教育に対して高い意識をもち，学校の選択に情熱を注げる時間的，経済的な余裕のある層に限られる。そうすると，学校の多様化路線は，むしろ階層の再生産や格差の固定化・拡大につながるものとなってしまう（第12章参照）。この間の教育政策の流れに関しては，こうした問題意識を十分にもつ必要がある。

　しかしながら，教育の個性化や多様化が進められ，また日本社会がその流れをある程度許容してきたのも，やはり何らかの理由があるとみるべきだろう。そうした理由のひとつに，学校教育という近代に誕生した制度自体が硬直化しているという点をあげることができる。さまざまな教育問題が噴出する中で，公教育制度がもつゆがみやひずみに注目が集まるようになった。特に学校教育システムの硬直性を鋭く指摘するのは，不登校という現象である。

　2016年現在，小学生中学生を合わせた不登校児童生徒数は15万人を超えてお

り，児童生徒1000人当たり30名近くという割合である（文部科学省 2016）。不登校はどんな子どもでも至る可能性があるという認識が広まる中で，2016年12月には，「義務教育の段階における普通教育に相当する教育の機会の確保等に関する法律」が成立された。同法は，主に不登校の児童生徒を対象に，学校外の教育施設も含め，その教育機会の確保を目指したものである。具体的にはフリースクールが想定されており，フリースクールを対象にしたはじめての法律である。

　文部科学省に設置された「フリースクール等に関する検討会議」では，同法の成立を受けて，2017年1月に報告書を提出している（『不登校児童生徒による学校以外の場での学習等に対する支援の充実』）。そこでは，たとえば以下のような提言がなされている。

> 教育委員会，特に義務教育に責任を負う市区町村教育委員会が，国や都道府県教育委員会と連携し，学校と緊密な情報共有を図りながら，不登校児童生徒に対する学校以外の場での学習等に対する支援を推進する役割を担う必要がある。

　そのうえで，教育委員会・学校と民間団体（主にフリースクールが想定されている）との連携の深化，民間団体が行っている取組みへの理解を深めること，民間団体の求めに応じた協力，民間団体の取組みを参考とすることなどの必要性が縷々述べられている。

　これまで，フリースクール等の学校外教育施設は，学校教育からは無視されるか，せいぜい学校教育の補助的な役割というとらえ方が支配的であった。しかし，この報告書を読む限りは，教育委員会や学校が民間団体から知恵を仰ぎ，それに対して十分に支援するという構図が出来上がっている。教育委員会・学校とフリースクールとの関係が，180度転換しているようである。このことはどんな意味をもつのだろうか。

2．オルタナティブな「学校」

　上記報告書では，フリースクールに通う児童生徒は全国でおよそ4,200名と推計されている。また現在では，校長の判断によって，フリースクールへの出席を学校への出席と代替しているところもある。このように，フリースクールはもはや公教育の一端に食い込んでいるといえるだろう。このことに法律による裏づけを与えたのが，「教育の機会の確保等に関する法律」である。

　早くから「オルタナティブな学び舎」の可能性に着目し，フリースクールについて研究してきた菊地栄治・永田佳之（2001）によると，「スタッフ」と子どもとの水平的な人間関係や学校の教室とは異なる空間の配置など，フリースクールやフリースペースで展開される教育活動の特徴を踏まえて，これらの施設を次のように評価している。

> 異質な他者との出会いによって，あるいは互恵的な学び舎のありようによって，近代国家と資本主義が私たちから剥奪する〈公共性〉が異なる形で再生されようとしているのである。ここにこそ，「フリースペース」が増加しているひとつのポジティブな意味を読み取ることができる。
>
> （菊地・永田 2001：73）

　フリースクールは単なる学校の代替的な施設などではなく，近代の学校が前提としてきた価値や規範（垂直的な教師と子どもの関係，一元的な能力評価など）にくさびを打ち込み，新たな公共性を立ち上がらせることこそが，フリースクールの意義というわけである。

　確かに現在でも，フリースクールで行われている「教育」は，一般的な学校とは異質な部分が多い。日本を代表するフリースクールのひとつである東京シューレの創設者，奥地圭子（2015）は東京シューレの理念を「学校を相対化する仕事，（中略）学校の原理・原則とは違う新しい教育の在り方をつくり出すこと」（60頁）と述べている。実際そこで行われている教育は，ほとんどの行事やカリキュラム

を子どもと話し合いながら決める，スタッフのことを先生とは呼ばない，学校の最高決議機関に子どもも参加する，個別学習や体験学習を原則とするなど，従来の学校教育のあり方とはかなり異質なものである。「教育の機会の確保等に関する法律」も，奥地らによる長年のロビー活動の成果である。

　問題はこうした実践が，われわれが自明とする学校教育のあり方を組み替える起爆剤となりうるのかどうかである。新法が制定されたということ自体が，ひとまずは新しい教育の公共性を立ち上げる上での大きな成果であるが，今後は，フリースクールで行われている実践が既存の学校教育の組織原理やカリキュラム編成，教育方法等にまで影響を及ぼすのかどうかに着目する必要がある。また，そこで立ち上がる公共性とは一体どういうものなのか，これについてもコンセンサスは得られていない。教育の公共性という概念そのものに立ち返って，様々な教育実践を見返す必要がある。

おわりに

　宮寺晃夫 (2009) は，教育の公共性を再建する途を次のように述べている。「いまなお「教育の公共性」の名目にこだわるならば，それは，囲い込まれた市民的公共性を超えて，外部に排除された／退出した人びとの批判に開かれた自己批評的な公共性－かつてイマヌエル・カントが「公共性」を定義した意味での－でなければならないであろう」(97頁)。

　教育は，「自由で平等な主体」を強制的に育てるという，逆説的な側面を有している。自由な主体を平等に育てるのが近代の学校に課せられた役割であり，学校を公に運営する根拠である。そして，われわれはいまだ，自由や平等に置き換わるような価値を見出し切れていない。そうである以上，自由な社会，平等な社会を維持，発展させるため，今後とも教育の公共性を保持する必要がある。そのためには，宮寺の箴言に従い，「学校から排除された人々」「学校を退出した人々」の声に耳を傾けることが不可避である。

　このように，現代の日本人が当たり前のように享受している学校というシステ

ムも，決して自明のものではないし，未来永劫不変のものではない。教育や学校は歴史性や社会性を帯びて変化し，人々の価値観に影響を与えつつ，多様な人々があらわれることによって，教育や学校のあり方もまた変化する，あるいは変化しなければならない。本書ではこのような認識を通奏低音として，以下，教育の歴史性や文化性，学校教育内部の構造や過程，現代社会における教育や学校のあり方などについて考える。本書を通読し終えたら改めて，教育の役割とは何なのか，考えを巡らせてほしい。

[東野 充成]

> 考えてみよう
> 1. メリトクラシーの原理はどのように変化しているのか，考えてみよう。
> 2. 教育の自由化路線がもつメリットとデメリットについて考えてみよう。
> 3. オルタナティブ・スクールが学校教育に与える影響について考えてみよう。

参考文献

奥地圭子 (2015)『フリースクールが「教育」を変える』東京シューレ出版.

苅谷剛彦 (1995) 『大衆教育社会のゆくえ』中公新書.

菊地栄治・永田佳之 (2001)「オルタナティブな学び舎の社会学―教育の〈公共性〉を再考する」『教育社会学研究』第 68 集，65-84 頁.

平沢和司・古田和久・藤原翔 (2013)「社会階層と教育研究の動向と課題」『教育社会学研究』第 93 集，151-191 頁.

宮崎あゆみ (1991)「学校における『性役割の社会化』再考」『教育社会学研究』第 48 集，105-123 頁.

宮寺晃夫 (2009)「自由を／自由に育てる―『教育の私事化』と公共性の隘路」広田照幸責任編集『自由への問い5　教育』岩波書店.

文部科学省 (2016)「平成 27 年度児童生徒の問題行動等生徒指導上の諸問題に関する調査」.

column

理工系教育と人文知 ― 人を知り社会を読み解く力の重要性

　私は日頃から授業の中で「理系の知識と人文社会系の知識の両方を身につけている人は社会に出てからとても強いですよ」という話をしている。教員になるにしても，一般企業に就職するにしても，「人」と「社会」を相手にしなくてはならないからだ。とりわけ，教員は人を育てて社会に送り出す仕事であるため，人や社会を捉える力がなければ務まらない。

　一方で，就職を考えている学生からは「自分は将来，"モノ"を作るための技術開発をするから人文社会系の知識は必要ないのではないか」という意見が聞かれることがあるが，果たして本当にそうだろうか。作ったモノは一体，どこで誰が使うのだろうか。誰のためのモノなのだろうか。

　多くの場合，直接的／間接的に人が使うためのモノであったり，社会のために役立つモノであったりするだろう。モノだけではない。技術開発にしても施設・設備の建設にしても，人や社会のためになってこそ価値がある。こう考えると，理工系分野を学ぶ学生こそ，人や社会をしっかりとらえる力を大学生のうちに身につける必要があるだろう。

　とはいえ，人や社会を正確に読み解くのは容易ではない。これまで述べてきたことと矛盾するようだが，人や社会を完全に「理解する」ことはおそらく不可能だろう。なぜならば，人が人や社会を理解する際には，自らの主観のフィルタを通さずにはいられないし，なおかつ，人や社会は刻々と変化するものであるからだ。

　では，人を知り社会を読み解く力を身につけるためにはどうすればいいのだろうか。そのために必要なのが，経済学，文学，法学，心理学，教育学，社会学などといった人文社会系の知識である。こうした人や社会にかかわる学問を学ぶことで，自分のもっている価値観を固定観念としてしまわず，時代の変化をキャッチする柔軟性と多様な人や流動的な社会に対する多角的な視点をもつことができる。このように，人文知を身につけることで，理系の知識・技術をより広く深く活用できる立派な教員，社会人として活躍できるのではないだろうか。

　米国アップル社の故スティーブ・ジョブズは，2011年3月のiPad2の発表会におけるスピーチで"Technology alone is not enough, it's technology married with liberal arts, married with humanities, that yields the results that make our hearts sing."と述べた。時代の潮流を読み，最先端の技術を生み出すアイディアマンは，理工学と人文知を融合させ，人や社会のニーズを読み解くことの価値を知っている人でもあったのである。　（谷田川　ルミ）

column

科学技術と教育

　いまこの本を手に取っている読者の多くは，数学や物理，科学技術に多少なりとも興味を抱いて，理学部や工学部に進学したことだろう。一方で，理科離れという言葉が聞かれるようになって久しい。子どもたちの理科に対する関心が低くなり，高校生の進路選択として理学部や工学部などが敬遠される現象である。理数系・理工系を専門とする教員や科学者，エンジニアの人たちの中には，子どもたちの理科離れを危惧している人も多い。

　その原因はさまざま考えられるが，ひとつ言えるのは，子どもたちを取り囲む技術は確実に複雑化しているということである。いまや家電も自動車もコンピュータの塊であり，素人が簡単に修理できる代物ではない。一方で，その原理は理解できなくても，コンピュータを用いて，さまざまなことが手軽にできるようになった。いうなれば，技術のブラックボックス化が進んでいるということである。皮肉にも，ここまで素晴らしい技術をつくりあげてきたエンジニアや科学者が，子どもたちの理科離れをもたらしたのかもしれない。

　しかし，ブラックボックスの中身に興味を抱く子どもたちがいることもまた確かである。むしろ，ブラックボックスだからこそ，人はその中身に興味を抱くのかもしれない。科学の使命が自然の真理を明らかにすることであり，その真理を活用して人類の福利の向上に役立つものをつくることが技術の使命であるとするならば，このブラックボックスにこそ，未来の科学者やエンジニアを育てる鍵が隠されていそうである。

　さまざまな技術の成果物（しかも複雑で高度な）を身の回りから簡単に手に入れられるようになった現代は，科学教材という点では，むしろまったく困らない時代なのかもしれない。逆に，子どもたちに科学への興味をどれだけ引き立てられるか，教師の手腕が問われている。

　また，理科離れは子どもたちの間にだけ起こっているわけではない。小惑星探査機はやぶさの帰還やノーベル賞の日本人受賞者の輩出時など，突発的に世間の関心が高まるときはあるが，科学に興味をもち続ける大人自体は非常に少ないようだ。次の表にあるように，国立青少年教育機構の調査では，「社会に出たら理科は必要なくなる」と回答している日本人は，他の国に比べて突出して多い。これは，特に高校の理科が受験勉強に特化した科目と認識されているからかもしれない。

　日本人のほとんどは高卒の学歴をもっている。高校3年間で，理科についても

多くの授業時間が割かれているが，この課程の中で科学に対する関心をどれだけ育てられているだろうか。大学受験の準備も高校理科の重要な役割であるが，科学に興味をもち，科学的な思考のできる市民を育てることも，高校理科の大切な役割である。

【表】「社会に出たら理科は必要なくなる」と回答した国別割合

日　本	アメリカ	中　国	韓　国
44.3%	22.4%	19.2%	30.2%

出所）国立青少年教育機構『高校生の科学等に関する意識調査報告書』(2014)

　市民向けに科学の面白さをわかりやすく伝える，サイエンス・コミュニケーターという仕事がある。実際のサイエンス・コミュニケーターは主に博物館などで活躍しているが，理科や数学の教員の役割とは，元来，科学に興味をもち続ける市民を生み出すための「サイエンス・コミュニケーター」なのかもしれない。それと同時に，理科や数学の教員には，ほかの教科や学問にも通じる，非常に重要な力を育成する役割もある。

　それは，科学的な思考方法を身につけさせるということである。科学的な思考方法とは，事実と意見を分けて物事を論じられているか，根拠を示した意見となっているか，信頼できるデータを適切に提示できているか，論理的に推論や表現が組み立てられているかなど，あらゆる物事を学習していくうえで必要な思考の枠組みである。こうした能力はもちろん他の教科でも育成されるべきものであるが，直接的にデータの収集や観察ができる理科や，論理的な推論を基礎にする数学などが，その育成には適している。

　これは大変な仕事ではあるが，理科や数学の教員の，最も面白い部分，最もやりがいのある部分でもある。未来の先生たちに期待したい。

（東野　充成）

第2章	# 子どもの歴史

keywords

アリエス　スウォドリング　一人前　ヨイコ（よいこ）
青年団

はじめに

　教育の歴史を綴る書物は古来多々あったが，理念・制度・政策や教育論・教授法の変遷が永らくその叙述の中心を占め，肝心の子どもが登場することは少なかった。史料が在って初めて叙述が成り立つ歴史研究では，大人に比べて文字史料を残すことが圧倒的に少ない子どもに焦点を当てて論ずること自体が難しく感じられてきた。

　その状況に一石を投じたのが，フランスの歴史家アリエス（Philippe Ariès）である。彼の研究によって，子ども史という歴史叙述の在り方が確立したといえよう。

　《子ども》といっても，その指示する年齢範囲は広い。特に今日の教育問題・子どもの問題を考えるうえでは，青年期の子どもを視野に入れる必要がある。また，本書は理工系の学部・学科での使用（つまり，数学科・理科・中学校技術科・高等学校工業科や情報科などの教員を目指す人たちの使用）を念頭において編集されることから，本章では，かつての若者たちの人間形成面のトレーニングについてもふれることとする。

第1節　子どもの歴史の描写方法

1．アリエスと社会史

　冒頭述べたP.アリエスとは，日常生活の中で人々が当たり前のように行っている活動や心の動きに注目し，その変化に歴史性を読み取ろうとした人物である。1960年に『〈子供〉の誕生』を著して脚光を浴びた。

　アリエスが追究してきたジャンルは，大きくは社会史とよばれるもので，その中でも特に心性史といわれる領域である。政治面や経済面に注目して，人々の生活が制度的に規制されて変化する様子を描くことは比較的容易であり，ゆえにそれが従来の歴史学の基本的な描写法となってきた。ところが人々の日常の心性を描くとなると難しい。人々のどういう内面がどういう行為にあらわれ，かつ，それが歴史的なものなのかどうかを見極めることは極めて困難だからである。何を史料として取り扱い，それをどう解析するのかがカギとなる。アリエスは子どもについての研究を行ったが，子どもをじっと見たのではない。子どもがどう描かれてきたのか（つまり，大人の子ども観）を絵画史料から読み取り，それが思わぬ発見（中世までの絵画の中には，画題で《子》を描いたことにはなっていても，頭部の大きな《子ども》ではなく，縮尺をかけたような《小さい人間》が描かれているものが在ることに気づいた）となったのである。

2．家族史，関係史からとらえる子ども

　近年，《関係史》とよばれる比較的新しい歴史叙述のしかたが注目されている。その方法が追究しようとしているところは，宮澤康人の「教育は必ずなんらかの人間関係のなかで行われてきたのに，その関係の変容を正面にすえた歴史叙述がなかった」（宮澤 1998：80）という言葉に端的に示されている。

　確かに，教師－生徒，親－子，先輩－後輩といった関係の中で子どもは育ち，

その関係は変化していくと考えられる。たとえば,今から10年ほど前に「友だち親子」という言葉が聞かれるようになった。あたかも友だち同士のような親子関係は,大学の入学式に学生と保護者が連れ立ってやってきて並んで座る場面などに象徴的に示される。このような場面を毎年継続して見ることができるのは,時代の流れに対応して関係性(関係のあり方)が変化し,定着してきたものとみることができよう。そのような関係性の変化と連動して生じている問題があれば,関係性の析出こそが問題解決の糸口になることも考えられるのである。

第2節　子育てと通過儀礼の歴史

1．ヨーロッパの育児習俗と子育て・子ども観

　ヨーロッパで核家族の形態が普及していくのが16世紀から19世紀にかけてといわれ,それまでは,今日一般にみられる核家族に,親族や住み込みの奉公人などを加えて編成される《拡大家族》が生活の基礎単位であった。

　拡大家族での育児習俗として世界的に広く行われたスウォドリング(swaddling)とよばれる風習は,子どもの扱いを象徴的に示している。スウォドリングとは親の労働と子の安全を両立させるために乳児を包帯状の布でぐるぐる巻きに縛る風習で,16世紀から19世紀にかけて次第次第に各国・地域,各階層に普及したと考えられている。

　スウォドリングは人権意識の高まり,少子化の進展,愛着理論の起こりなどによって次第に廃れていった(正高 1999)。特に,フランスのルソー(Jean-Jacques Rousseau)らは,母親が育児に無関心であることのあらわれだと論断し,愛情に包まれることの証といえる《愛撫》とは対照的なものだととらえた。

図2.1　スウォドリング
(イメージ)

アリエスはこの状況について、「十七世紀には無視され、十八世紀に発見された子どもは、十九世紀には専制君主」になったと表現している（アリエス 1992）。

2．日本の子育て・子ども観

　日本では、近世に入ってからも複数の家族とそれに寄生する人々（「下人」と称された隷属農民たち）で構成される《家》が生活の基本単位であった。仕事をめぐって構成された家族集団であり、そこに生まれる子どもたちも仕事に従事する可能性を秘めた新参者として迎えられた。

　スウォドリングと似た風習は日本にもあり、それは「えじこ」「いじこ」と称されていた。えじことは「嬰児を入れる籠」という意味で、乳児期から首がすわってきて間もない頃の子どもを竹や木で拵えた籠にいれて安置保護する容れ物、およびそれをつかった育児習俗のことを指す。今日、えじこが民芸品（こけしや独楽）に模されて流通しているところをみると、この習俗が広い範囲で普及していたことが推察される。竹かごや藁かごという性質は、持ち運びの利便性、地べたに置くことや排泄にともなう汚損とその後の清拭を考慮したつくりであることを示し、親が田畑に子どもを同行させていたことをうかがわせる。

　農業生産が不安定で生産量も少ない時代には、子どももそれなりの《働き手》としての役割を期待されていた。子どもは12歳から15歳頃までには、相当な働き手とみなされ、実際に家業の手伝いをした。一方、成年に達したと見なされた後であっても、若者は生業にいそしみつつ、真の一人前として大成するためのトレーニングに引き続き励んだのである。今日でも流通する「半人前」という言葉は成人男子1名あたりの労働力（「一人前」）を基準として若年者の労働力を言い表す表現である。

　中世・近世の絵巻には、子どもが遊ぶ様子、稚児として寺に住まっている様子、田畑や作業場ではたらく様子などが多数描かれている。「農業図絵」（1717年に成立したと伝えられる）を解析した八鍬友広は、江戸期の子どもたちが大人とは異なる仕事に従事している点と子どもだけが従事している作業場面が見受けら

れる点を指摘している（八鍬 2004）。子どもが大人の分業システムに年齢あるいは体力相応に組み込まれていたとすれば，そこには《手伝い》以上の期待が込められていたとも考えられる。

3．子どもを一人前にする

　子どもの成長においては7歳が一つの節目ととらえられた。抵抗力（防衛体力）の面から生存可能性が低いこの年齢層の子どもは人間としての教育を本格的に始める対象とはみなされていなかったのである。

　よく言われる「七つまでは神のうち」という言い回しを使っていたかどうかは別として，子どもが7歳を迎えることができたことを祝うとともに身近な社会的かかわりの中で意図的な人間教育を始めていこうとする節目になる通過儀礼は全国各地に見られた。この7歳頃から15歳頃までの間に《しつけ》が行われた。今日「躾」の字を充てられる《しつけ》とは，もともと「仕付」の字を充てられた言葉で，子どもを一定の集団や社会に馴染ませるために規律や慣習を身につけさせる教育的行為を意味するものであった。

　しつけを重ね，子どもが晴れて《一人前》に達したことを祝う儀式を《元服》といった。もともと武家・公家の儀式であった元服は中世には庶民層にも風習として広がっていったと考えられている。元服年齢は地域によって異なるがだいたい12歳から17歳くらいまでの間に行われていたといわれる。

　近代に入ると，徴兵制度と民法による成年年齢規定によって，20歳が大きな節目となる。従来の元服年齢を過ぎても20歳になるまでの間は，男子青年は，公民教育，壮丁教育調査（「壮丁」とは徴兵検査適齢者のこと）に備えた準備教育（国語・算術・公民の3科）を受ける年齢段階にあると見なされた。

第3節　子ども観の変容 — 児童中心主義 —

1．児童中心主義

　ヨーロッパの学校では，永らく鞭が学校教育の一つの象徴であった。子どもをスムーズに社会の成員とするため，教師は動物を調教するように子どもに体罰を科していたのである。

　ルネッサンス期になると，オランダのエラスムス（Desiderius Erasumus）らによって体罰批判が行われ，その後，市民革命期に子どもを大切に育てていこうとする考え方の萌芽がみられるようになった。フランスのルソーは，教育小説『エミール』の中で，《自然による教育》の重要性を主張し，できるだけ人の手を加えずあるがままに育て，子どもの純粋な性質を阻害しないようにする考えを示した（消極教育）。

　20世紀間近になると，そのように子どもを子どもとして大切に育てようとする考えは，学習指導法研究にも大きな影響を与えた。従来の学校教育が教師や教科書その他の教材の改善に注目していたのに対して，たとえばアメリカのデューイ（John Dewey）が「このたびは子どもが太陽となり，その周囲を教育の諸々のいとなみが回転する」（デューイ 1957：45）と述べたように，教育活動の中心に学ぶ側である子どもを据えて考えようという認識方法の転換が起こったのである。この変革認識にともなう一連の実践を新教育運動とよぶ。

　デューイやスウェーデンのケイ（Elen Key）は各地を講演してまわり，教育活動における児童中心の考え方の普及に努めた。

　デューイやケイたちの考えは日本でも大正デモクラシー期にまず拡がり，師範学校附属学校や私立学校での新教育実践を促した（第5章参照）。それらの実践は実践者によって微妙に重点の置き方を異にしていた。たとえば，近代学校が知育を偏重しているという批判に立って子どもの活動的場面を増やそうという試み，子どもの自由な発想を大事にしようという取組み，自分で計画を立て学ぶ習慣を

第2章　子どもの歴史　　21

つけさせることが大切だという認識などであり，それらが混在したありさまを新教育運動と総括していた。

2．ヨイコ（よいこ）

《子ども中心》とは，子どもを子どもとしてとらえることを意味し，すなわち子どもをできるだけ自由にする，その意思をできるだけ尊重するという意味であったのだが，放っておくことが子どもをよい方向へ育てるポイントだと語られてしまうと，その言い回しには，かえって，大人が子どもに望む《よい》イメージを《子どもらしさ》として子どもに強いてしまうという論理構造が在った。たとえば子どもを放っておくと，純粋で無邪気な子どもらしい良い存在になるといった場合，それは大人の期待を表しているのである。

新教育運動が起こった後，日本では，子どもを理想型へ近づけたいという大人の願望が《ヨイコ（よいこ）》という標語のもとに追求された。1933年に使用が開始された第四期国定教科書で「ヨイコドモ」というフレーズが登場し，それは第五期（1941年～），第六期（1947～1949年）に継承される。

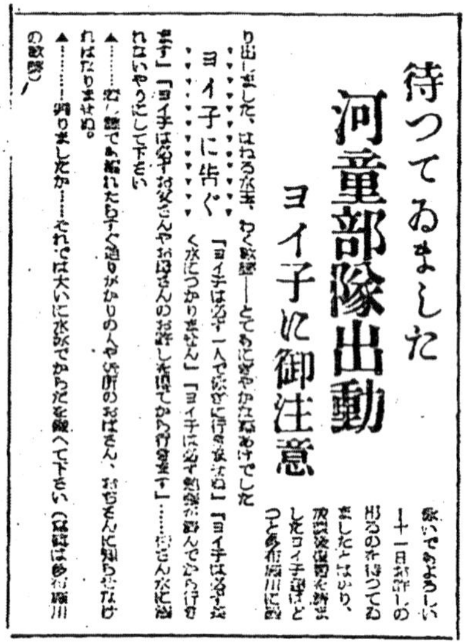
待つてゐました
河童部隊出動
ヨイ子に御注意
ヨイ子に告ぐ

図 2.2　ヨイコ（ヨイ子）の記事
出所）佐賀新聞（1944）

同時に，ヨイコは教科書のみならず新聞紙上などにも広く流通する通俗的表現になっていった。当時のヨイコは戦時体制を反映し，銃後支援と戦争協力に従順な場面で登場することが多かったが，それ以外にも図 2.2 のように，大人の言うことをよくきいて心配をかけない子どもという文脈でも登場している。

その後，《ヨイコ》は《よいこ》に替

わって，敗戦後も流通し続けた。その流通状況や期間をみると，強く人々に印象づけられる性質をもつ表現だったといえる。今日では《よいこ》という標語が表に出てくることは少なくなっているように感じられるが，そのような期待を保護者が常にちらつかせていると，それが子どもにとってのプレッシャーになってしまうという心理学者たちの指摘はまだたびたび耳に入ってくる。

第4節　共同体の中の子ども

1．子供組・若者組・青年団

　かつて村落共同体では，一定の年齢範囲で区切った層ごとに社会活動を遂行する組織がつくられていた（年齢階梯集団）。近世期以降各地に在った子供組は，7歳頃から15歳くらいまでの年齢範囲の子どもで構成され，祭礼その他の年中行事の準備・運営補助にあたった。子どもたちはこの活動を通じて地域社会における自分の位置と役割を自覚していった。

　子どもたちは15歳頃を過ぎると若者組に入った。子供組と同様，若者組も地域社会の公共事業を担ったが，その範囲は拡がり，祭礼執行，防災・防犯や救助にかかわる警防業務，その他の公共事業などを行う村落の中核となる組織であった。若者組に入ることがそのまま《一人前》であることを意味したわけではなく，実務を通して《一人前》に仕上げるという組織的性格が若者組には在った。そのため，単に後輩が先輩を立てるというものではなく，年齢に応じた秩序・役割が形成され，若者は村落生活の維持発展のために必要な資質・力量・態度を段階的に養っていたのである。

　また，夜間に若者が共同・交替で待機する若者宿では，異性との付き合い方や身の上相談など，人間形成や生活の維持改善に資するようなインフォーマルな談話が繰り広げられていた。

　明治期の半ばには，各地で青年会が誕生した。青年会の起こった契機はさまざ

図 2.3　女子青年たちによる宿泊式講習会での野外活動（バレーボール）
出所）章末の写真帳（1927）

まであったが，夜学，読書会などとして立ち上がったケースが相当数存在する。この傾向は学校教育システムの普及と連動した若者の活動内容の変化といえる。

　政府が積極的に訓令を発して青年会を規制・指導するようになった大正時代（1910年代）頃から，青年団と改称する青年会も多かった。しかし名称をかえても，部落単位の青年団（町村青年団や校区青年団の支部）では，従来行われてきた公共事業（奉仕的活動）や共同生産活動への従事も継続され，若者宿のように寝泊まりはせずとも，青年らは青年倶楽部を拠点として地域の中堅人物となるための修養に励んだ。

　青年団員たちに期待された《修養》とは，知・徳・体の各面にわたって幅広く人間形成に資する活動を行うことであり，その具体的活動の範囲は時代の推移とともに拡がっていった。

　社会教育の発想が根づいてくるにつれ，音楽や文芸などの文化活動や体育活動に励む団も少なくなかった。楽器を購入して楽隊を編成する団，ユニフォームや道具を買い揃えて，スポーツ競技会に参加する団もあった。体育的活動は，講習会や定例会での余興・レクリエーションとして定番になっていった（図2.3）。これらの活動は，学校教育の代替（知的修練）として進行していたのではなく，社会教育的ニーズに基づくものであった。

　また，青年団の一部には，団の自治や公共料金の支払いなどをめぐって行政に対抗する政治的運動を展開したところもある。しかし，団員間の対立や当局の思想善導的対応によって，そのような動きは1930年代には沈静化していった。

2．共同体衰退の中での子ども

　戦中から戦後の混乱期にかけて子ども時代を過ごした人々は，物資不足の下での生活を強いられた。この耐乏生活が後の学生運動（特に反戦運動）のエネルギーになっていたことは回顧談等でよく耳にされる。敗戦直後に生まれた「団塊の世代」以後の人たちは，次第次第に物質的に豊かになっていく環境で子ども時代を過ごした。

　産業構造の変化や都市化の進行にともなって，村落共同体的結合が崩壊していった。その過程で子供組にかわって地区単位の子ども会活動が全国各地に誕生し，廃品回収やバザー，催し物の発表などを通じて，新しい地域社会での社会貢献やさまざまな野外学習活動を行ってきた（第11章参照）。

　1960～1970年代には，まだ子どもたちが連れだって外で遊ぶ姿が一般的に見られた。モータリゼーションが進む中で，その環境の変化に順応して外遊びをしていた。舗装道路やセメントで固められた地面が増えてくると、その地面をキャンバスにして絵を描いたり，ゲームをしたりするなど，創意工夫を凝らして環境に順応した遊びを編み出していたのである。図2.4は時代がやや下る写真だが，このような路面への「お絵描き」を通じて，子どもたちはどれだけのことを学んだであろうか。実生活に役立つさまざまな知恵や感覚を得たことであろう。

　子どもの遊び場がなくなってきつつあることが指摘されて久しい。できるだけ大人が手を加えない環境下で，子どもたちが発見や

図2.4　道路に落書きをしている子ども

第2章　子どもの歴史　　25

工夫をしながら遊ぶ機会を保障することは，現在では，学校教育同様，あるいはそれ以上に重要なことかもしれない。

おわりに

1989年に「児童の権利条約」が採択され，日本もこれを1994年に批准した。条約では，子どもの意見は「年齢及び成熟度に従って相応に考慮される」（第12条）とされ，その表現方法については「口頭，手書き若しくは印刷，芸術の形態又は自ら選択する他の方法」（第13条）によって，まわりの情報や考えを求め，受け，伝える自由を含むものと定められている。

そのように子どもの未熟な，多様な表現法が認められていても，近くの大人が気づかずにキャッチできなかったら，せっかくの条約が活かせない。

現代は家族以外の大人が子どもに視線を注ぎづらい，かかわりづらい時代になっている。今の私たちが昔の子育てやしつけの様子を見て，あたかも大人の《無関心》が露呈しているように見える場面があるかもしれないが，子どもを見なくなり，接しなくなっているのは意外に現在のほうなのかもしれない。子どものことをわからなくなってしまう大人が増える前に何らかの手を打つことが大切ではなかろうか。

［田代　武博］

考えてみよう
1. かつての日本で，子どもは15歳前後で元服を迎えていた。選挙権年齢が18歳以上に引き下げられた今，成人年齢を引き下げることも検討されている。この課題についてどう考えるか。
2. 今日の社会で，＜子どもらしさ＞＜中高生らしさ＞が求められていると感ずる場面はないだろうか。そのときの＜子どもらしさ＞＜中高生らしさ＞とは具体的にどういうものだろうか。

参考文献

ジョン・デューイ（宮原誠一訳）(1957)『学校と社会』岩波書店.

フィリップ・アリエス（中内敏夫・森田伸子 編訳）（1992：新版）『「教育」の誕生』
　藤原書店.

井上孝治（2001）『こどものいた街』河出書房新社.

『佐賀新聞』1944 年 7 月 12 日.

写真帳（1927）「第三回　篠栗林間処女講習会記念」.

芳賀登（1991）『成人式と通過儀礼』雄山閣.

正高信男（1999）『育児と日本人』岩波書店.

宮澤康人（1998）『大人と子供の関係史序説』柏書房.

八鍬友広（2004）「近世社会における人間形成」辻本雅史編著『教育の社会文化史』
　放送大学教育振興会，23-34 頁.

column

数学教師から ― 公立中学校勤続35年　昔と今 ―

　30年間以上公立中学校で教鞭を執ってきた私は，大学では教育学ではなく物理学を学んでいた。修士課程を修了し，その年の4月にはいきなり1年生の担任をしている。当時は「荒れる中学生」が社会問題となっており，赴任した中学校でも「ツッパリ生徒」が徒党を組んで校舎内外で反社会的行動を繰り返していた。そのため全教職員がその対応に追われていた。そういう状況下でも教師になって失敗したと思ったことは不思議となかった。その理由は後述する。

　ところでわれわれ理数系の教師は，子どものころから算数・数学が比較的得意で，難しい問題も何とか解いてしまうという成功体験を数多く経験してきたように思う。しかしそのために，数学を不得意とする生徒の「わからない」がわからないというジレンマに陥りやすい。新採当時の私は，「数学教育」とか「数学指導法」の何たるかも知らない，ただただ勢いだけで授業を行う数学教師だったようだ。実はあるとき授業をしていて，突然（生徒は）何でこんなことがわからないのか，自分の説明が生徒にどう伝わっているのか気になりだし，そこからいろいろな研究会，勉強会，研修会に参加するようになった。結果として校種を越えた多くの仲間を得ることができ，それが支えとなって困難をなんとか乗り越えてきた。その繋がりは今でも続いており財産になっている。

　「わかった？」と聞いて，「わかった！」と即答する生徒に安心してはいけない。生徒にとって「わからない」と答えることは相当にエネルギーを要することである。そのために生徒が質問しても，周りの生徒から蔑んだ視線を浴びない環境を整えておかなければならない。なぜそのような質問をするのか，どの段階まで理解しているのかを質問者とのやり取りで探り，教師のレベルに生徒を引き上げるのではなく，生徒のレベルに教師が下がっていき，そこから一緒に目標とするレベルまで連れ帰ってくる力量が求められる。だから中学教師を目指す皆さんは算数と高校数学も，高校教師を目指す皆さんは算数と中学数学も知っておく必要がある。さらに小中高の算数・数学を俯瞰できる「眼」と数学史の知識も必要である。それは授業に「厚み」を出すためである。

　学級担任には学級経営という仕事があるが，教科担任には同じように「授業経営」なるものがあると思う。良い授業はしっかりしたマネジメントが必要であり，そのベースとなるものが，教師と生徒，生徒と生徒，教師と保護者の良好な人間関係である。一見授業と何の関係もないように思うかもしれないが，授業も三者

の信頼関係の上に成り立っていることを知っておくべきである。

　最近インクルーシブ教育が現場に浸透し始め，学力低位の生徒が二層に分かれてきているように感じる。特別な支援を必要とする層と単に学習習慣が身についていない層である。前者の生徒は，通常の学級に約6.5%の割合でいるのではないかといわれている。40人学級では2〜3人は，知的障がい，発達障がい，LD，ADHD等を抱えている生徒という計算である。現在一般的に使われているWISC知能検査によって，被験者の何が弱いかがわかるようになっている。たとえば空間認識が弱い生徒には，そこを補った指導が必要である。本人がどんなに努力しても如何ともしがたい事実が存在することを教師は十分理解して指導に当たらなければならない。「努力が足りない！」「よく考えればわかる！」的な叱咤激励型の指導は逆効果なのである。インクルーシブ教育の理念は崇高なものであり，これを否定するものではないが，現実はそのような生徒一人ひとりにカスタマイズされた教育を十分に提供できていないように思う。これからの課題である。

　最後にICTを活用した授業について触れておく。ICTを活用した授業は，文部科学省をはじめ各自治体でも積極的に推進している。ICTそのものは生徒の理解を助け，授業の進行を助けるためのツールであり，どう授業に取り入れるべきか，またインクルーシブ教育にどう活用できるのか，積極的に先行研究，実践事例を通して見極める必要がある。さらにこの授業形態は，不登校生や院内学級の生徒のように学校に来られない生徒にも新しい授業形態として提供できる可能性を秘めている。同時刻，同場所に集まり教育を受けるという現在の教育システムそのものが，近い将来インターネットに繋げさえすれば，時間と場所の束縛から解放され，自ら積極的に自由に学べる学習環境がやってくるのである。そうなると「自ら学ぶ力」「自ら学ぶ意欲」が育っている生徒とそうでない生徒で差がつく社会がやってくるのかもしれない。

（高村真彦）

参考文献

下村治 (2015)『数学授業のユニバーサルデザイン』明治図書.

日本数学教育学会研究部著，子供の科学編集 (2016)『算数好きな子に育つたのしいお話365』誠文堂新光社.

日本評論社 (2017)『数学セミナー（特集中学・高校の公式から大学数学へ）』5月号，通巻667号，8-40.

文部科学省 (2012)「通常の学級に在籍する発達障害の可能性のある特別な教育的支援を必要とする児童生徒に関する調査結果について」.

文部科学省 (2014)「ICTを活用した教育の推進に関する懇談会報告書（中間まとめ）」.

	第3章	人間形成と社会化

```
keywords

社会化　文化　社会的人間　発達課題　準拠集団
```

はじめに

　人間は社会集団の中の人間関係を通して文化を学習し，社会的に形成されて
いく。人間の社会的形成にとって集団の人間関係の経験は決定的に重要である。
人間はどのような集団に所属し，どのような人間関係によって，どのように形成
されていくのだろうか。本章では人間の社会的な形成について考える。

第1節　人間形成の過程と文化の学習

1．人間形成の過程と社会化

　人間は文化をもった人間として生まれるのではない。人間は生物学的個体と
して，つまり生物分類学上の霊長類のヒトとして生まれる。そして生まれて後に
文化を学習することによって「人間」となる。このヒトから「人間」になってい
く過程が人間形成の過程である。しかしこの人間形成の過程は自然に発現して
いくのではない。社会の中で社会からの働きかけを受けつつ進行していく社会
的過程なのである。

　人間形成の過程には，3つの側面がある。生物学的側面，心理学的側面，社会
学的側面である。生物学的側面とは身体面の形態と機能の増大・向上の過程であ

る。身長・体重・胸囲などの身体的部位の形態の増大，消化器官・循環器官・神経器官などの内部構造の形成と増大・機能化などである。心理学的側面とは人間の心的機能が分化し，統合化して有能化・複雑化していく過程である。生得的な神経生理のメカニズムに基づいて感覚機能・認知機能・運動機能などが自然に発現し，活動して有能化・高度化していく。人間形成の生物学的側面も心理学的側面も，いずれも人間有機体の個体内部に生ずる現象であり，個体の自発的活動によって進化していく現象である。

　これに対して人間形成過程の社会学的側面とは人間が社会からの働きかけを受けつつ文化を学習していく過程のことである。人間は社会の中で生まれ，社会の中で生活する。人間は社会を離れて生きていくことができない。だが，人間は社会の中で生きていくための術を身につけて生まれてくるわけではない。人間は生まれて後に社会の中で生活していくための手段や方法，行動様式の一切を学習しなければならない。この，社会生活に必要な手段や方法・行動様式が文化である。社会の価値・信念・規範・態度・知識・技能，また慣習や制度，法律や道徳，そして言語などであり，こうした文化が人間の行動規準となり，人間の思考や行動様式を決定して人間が社会生活を営むことを可能にする。文化は人間が社会生活を営むために蓄積してきた集合的所産である。そして文化を学習し，獲得した人間を「社会的人間」という。だから人間形成の過程は生物学的個体として生まれた人間が社会的人間，すなわち社会生活が可能な社会の正規の成員にまで形成されていく文化の学習過程なのである。

　この文化を学習している期間，人間は他者の庇護や援助を受けなければならない。だが，その他者の庇護や援助という人間関係を通して人間は文化を学習していくのである。この期間が「子ども」である。子どもは誕生の瞬間から大人（＝社会的人間）の庇護や援助を受けつつ，その人間関係を通してその社会の文化を学習し，社会的人間へと形成されていく。子どもの人間形成の過程は，このように大人との人間関係を通して進行していく社会的過程なのである。これが人間形成過程の社会学的側面である。そしてこの人間形成の社会的過程を「社会化」という。子どもが一定の人間関係を通してその社会の文化を学習していく過

第3章　人間形成と社会化　31

程である。

　社会化は人間形成の過程において決定的に重要である。もし社会化が欠如すると，人間はもはや社会的人間には成り得ず，「人間」として到底満足に生きていくことはできない。人間形成の生物学的側面や心理学的側面は人間有機体の個体内部の現象であり，自発的活動によって進化していくことができる。しかし社会学的側面である社会化が欠如すれば，人間はもはや文化をもった「人間」には成り得ない。だが，それは単なる想像ではない。極めて稀なことではあるが，そのことを示す事実がある。野生児である。野生児は幼少期に長期にわたって人間社会から隔絶された状況の中で生きてきた子どもである。野生児の例を見れば社会化が，つまり社会の中で文化を学習・獲得することが如何に重要であるかが理解されるだろう。「アヴェロンの野生児」の例を見よう。

2．社会からの隔絶 ―アヴェロンの野生児―

　1799年フランスのアヴェロンの森で11・12歳と推定される少年が発見された。素裸で傷だらけで，うなり声や叫び声だけを発し，粗暴で嚙みついたり引っ掻いたりした。感覚機能は不活発で眼は落ち着きもなく何かを注視することがない。聴覚も異常で耳元でピストルの空砲を鳴らしても無関心だが，クルミを割る音には敏感に反応した。嗅覚も原始的で汚物の悪臭にも平気だった。触覚も物を摑む以外は何もできなかった。冬の寒い時でも地面に寝たり，煮え立つ鍋の中のジャガイモを平気で摑んだりした。知能も低く，記憶力・判断力・思考力も極めて劣っていた。当時の著名な精神科医ピネル (Philippe Pinel) は少年を重度の知的障害者と診断し，この少年は如何なる社会の力も教育も受け入れないと結論づけた。

　しかし当時25歳の精神科医だったイタール (Jean M. G. Itard) は少年の動作，顔面や腕の傷痕，森の近くの住人の証言などから少年は4・5歳頃に森に遺棄され，その後一人で森の中で生活してきたために，それまで身につけていた言葉や習慣を忘れてしまったのではないか，だからこの少年を教育すれば社会生活に復帰できるのではないかと考えて少年を引き取り，6年間にわたって教育を行っ

た。イタールは5つの教育目標を立てた。①社会生活に関心をもたせること，②刺激を与えて神経の感覚力を目ざめさせること，③社会的接触を増やして観念の範囲を広げること，④要求を表現するための言語を習得させること，⑤簡単な心的作業ができるようにすること，である。その結果，④言語の習得については成果をあげることはできなかったが，その他の目標には相応の進歩が見られ，社会生活にいくらか適応するようになった。イタールは少年が完全な人間性をもったかのような反応を示すのでヴィクトール（Victor：勝利）という名前をつけた（Shattuck 1980 = 1982：220）。ヴィクトールは自分の名前を覚え，名前を呼ばれると走ってくるし，文字で綴った単語のカードを示せば，その物を取ってくるようになった。しかし話すことはできなかったためイタールはジェスチャーによって自分の要求を表すように訓練した。その結果ヴィクトールはジェスチャーで自分の要求を表すようになり，またイタールの命令を理解できるようになった。だが，イタールの献身的な努力にもかかわらず，1828年に推定年齢40歳で死去するまで，ヴィクトールは言語を習得することもできず，「正常な」人間としての能力を回復することもできなかった。

イタールは，こうした経験から，（1）人間特有の機能・知性・感覚を喪失すると人間は動物にも劣る，（2）人間の道徳性は自然に備わっているものではなく文明の賜物である，（3）人間の器官は幼少期において成長し，老化や孤独によって衰退する，（4）幼児期以後の音声の習得は困難である，と結論づけている（Itard 1894 = 1967：50 - 52）。

3．文化の学習と発達課題

「アヴェロンの野生児」が言葉も話せず，正常な「人間」としての能力を伸ばすことができなかったのは長期にわたる社会からの隔絶とそれ故に文化の学習機会を喪失したからである。社会から隔絶された状況に置かれれば人間の生物学的側面や心理学的側面でさえ正常には発達しない。如何なる生物であれ自己を環境に適応させなければ生きていくことはできないが，ヴィクトールが適応し

ていかなければならなかった環境は森の生活だった。その限りにおいてヴィクトールは「正常に」発達していたのである。人間は特殊な環境に置かれれば、その特殊な環境によって方向づけられ、その方向に形成されていく。

　しかしヴィクトールは人間社会に引き戻され、イタールの熱心な教育を受けたにもかかわらず言語を習得することもできず、正常な「人間」としての能力を取り戻すこともできなかった。このことは人間の能力は、いつ、如何なる時にでも形成されるわけではなく、それに適した一定の時期があり、その時期を逸すると人間の能力は形成されないことを示している。このように社会的経験や学習が子どもの社会化にとって最も効果的で、かつ適切な時期がある。これを「臨界期」という（敏感期ともいう）。臨界期を過ぎると効果は現れない。ヴィクトールが言語を習得できなかったのも正常な人間としての能力を取り戻せなかったのもすでに臨界期を過ぎていたからである。特に言語は人間の意思伝達手段であり、人間関係を可能にし、人間の社会を構成する最も基本的な表出手段であるから言語を習得できなければ人間は社会生活を送ることはできない。イタールは、上記のように、「（4）幼児以後の音声の習得は困難である」と述べ、言語の習得は一定年齢を過ぎると不可能だと結論づけている。

　言語の習得に臨界期があるように人間にはそれぞれの発達の段階において社会化されなければならない臨界期の課題がある。これを「発達課題」という。それぞれの段階の発達課題を正にその時期に達成しておかなければ、その後の社会化が阻害されてしまうのである。アメリカの教育学者ハヴィガースト（Robert J. Havighurst）は人間の発達段階を6段階に分け、それぞれの段階の発達課題を示しているが、そのうち幼児期と児童期の発達課題を示せば表3.1のようである。これをヴィクトールの発見時の状況と照らしてみれば人間の発達にとって社会や文化が如何に重要であるかが理解されよう。ヴィクトールは森に遺棄される以前は文化を学習する機会があったかもしれないが、その後の森の中での生活が習慣化していく中で、それまで学習し身につけていた文化を喪失してしまったのである。イタールは「文明の力こそが人間を新しい感覚へと駆り立て人間を他の動物から引き上げる」（Itard 1894=1967：51）と述べ、「（2）人間の道徳性は文明

34

の賜物である」と述べている。

表 3.1　ハヴィガーストの発達課題

幼児期 (誕生～ほぼ6歳)	① 歩行の学習 ② 固形の食物をとることの学習 ③ 話すことの学習 ④ 排泄の仕方を学ぶこと ⑤ 性の相違を知り，性に対する慎しみを学ぶこと ⑥ 生理的安定を得ること ⑦ 社会や事物についての単純な概念を形成すること ⑧ 両親や兄弟姉妹や他人と情緒的に結びつくこと ⑨ 善悪を区別することの学習と良心を発達させること
児童期 (ほぼ6歳～12歳)	① 普通の遊戯に必要な身体的技能の学習 ② 成長する生活体としての自己に対する健全な態度を養うこと ③ 友だちと仲よくすること ④ 男子として，また女子としての社会的役割を学ぶこと ⑤ 読み・書き・計算の基礎的能力を発達させること ⑥ 日常生活に必要な概念を発達させること ⑦ 良心・道徳性・価値判断の尺度を発達させること ⑧ 人格の独立性を達成すること ⑨ 社会の諸機関や諸集団に対する社会的態度を発達させること

出所）Havighurst（1953＝1995：30−59）

第2節　社会化と第一次集団

1．社会化と相互作用

　社会化は人間関係を通して文化を学習していく過程であるが，この人間関係は人と人との接触を成立契機とする。そして接触の様式には直接的接触と間接的接触がある。直接的接触とは顔と顔とをつき合わせての対面的な接触をいい，間接的接触とは通信技術を媒体としての接触，あるいは非人格的な，表面的・外形的な接触をいう。携帯電話やメールなどの器機を介してのやり取りは間接的接触による人間関係であるし，テレビ・新聞などのマスメディアも人間関係を間接的に媒介する。また官僚機構のような大規模組織の，人間的感情に欠けた非人格的な，形式主義的な関係も間接的接触の例である。

第3章　人間形成と社会化　　35

しかし社会化の効果という点からみれば，間接的接触による人間関係よりも直接的接触による人間関係の方がはるかに強力である。直接的接触による関係であれば有声言語による言語的コミュニケーションのみならず，表情，態度，身振りといった非言語的コミュニケーションによる表現も可能であり，それだけに相互の親密性や信頼性は高まって社会化は強力に進行していく。まだ言葉を遣えない幼い子どもであっても親の表情や身振りから親の意図や期待を素早く読み取って反応するし，親も子どもの表情や態度から子どもの欲求や要望を看破するが，こうした直接的接触による親子関係を通して子どもは社会化されていく。だが，間接的接触による関係であれば，言語的コミュニケーションは可能であるが，非言語コミュニケーションによる表現・伝達は不可能である。しかも言語的コミュニケーションといっても，その内容が情動的なものであれば，その情動を言語のみで表現し伝達することは難しい。だから間接的接触による関係は直接的接触による関係ほどに社会化の効果は強くはない。

間接的接触による関係を特徴とする大規模組織においても社会化は進行する。新規加入者は組織活動のために必要なスキルを習得して一人前の組織人になっていく。これを組織社会化というが，しかし組織社会化は，大規模組織の場合，その組織によって直接に社会化されるわけではない。実際には末端の組織単位である職場集団の中で社会化されていく。職場集団はメンバー相互が直接的接触によって結ばれている親密な関係から成る小規模の集団である。

社会化は，主要には直接的接触による人間関係を通して強力に進行していくのである。

2．第一次集団と第二次集団

直接的接触による人間関係は，実際には集団の中に具体化されている。集団は複数の人々がある共通の価値に基づいて相互に依存しつつ持続的に結びついている集合体である。家族や遊び仲間，また企業や労働組合などであるが，しかし先に述べたように官僚機構のような大規模組織の集団もある。

直接的接触による対面的な関係によって形成される集団の中でも親密な結び
つきによってメンバー間に連帯感や一体感が生まれ，相互に協力関係が形成さ
れているような集団を社会学者のクーリー（Charles H. Cooley）は「第一次集団」
とよんだ。第一次集団において子どもは忠誠，親切，正義，公正，信頼，正直，
誠意などの理想や社会性，態度を形成していくとクーリーはいう。そして第一次
集団の例として家族集団，子どもの遊び仲間集団，近隣集団をあげている
（Cooley 1909＝1970：24－31）。第一次的というのは，子どもの社会性の形成にとっ
て基礎的であり，根本的に重要だという意味である（第11章参照）。

　これに対して同じ対面的な集団でも間接的接触による関係から成る集団もあ
る。形式主義的な，非人格的な関係を特徴とする官僚組織や，上層部と平社員が
中間管理職を媒介として間接的に結びついているような大企業などである。こう
した集団は共通の価値に基づいて結びついているといっても，特定の目的，ある
いは特殊な利害関心に基づいて合理的に組織されている。このような集団を「第
二次集団」という。企業や労働組合，宗教団体，政党などである。学校も教育と
いう特定の目的を達成するために組織された集団であるから第二次集団である。
第一次集団はクーリーの創り出した概念であるが，第二次集団は後の社会学者
が対概念として創り出した。

　社会化は，第二次集団においても行われるが，第一次集団において基礎的に，
持続的に強力に進行していく。クーリーは第一次集団を「人間性の養成所」と
いっている（Cooley 1909＝1970：25）。

第3節　子どもの社会化と第一次集団の系列

1．子どもの社会化と集団の系列

　社会化は第一次集団において強力に進行していくといっても，子どもは生まれ
ると同時に多数の第一次集団に入っていくわけではない。そこには一定の順序

がある。子どもは家族集団の中で生まれ基礎的に社会化されて後にさまざまな社会集団に入っていく。その主要な集団を選び出せば，家族集団－遊び仲間集団－隣人集団（近隣の大人と子どもの関係から成る集団）－学校集団－職業集団という系列があげられる。子どもが所属する集団には，他にも地域の子ども組織やスポーツ集団，趣味のサークル，ボランティア集団などもあるだろうが，社会化の視点から見れば子どもは主要には，このような集団系列を辿って社会化されていく。ただし学校集団は先に述べたように第二次集団である。しかし子どもが日常的に学習活動するのは学校集団の下位集団（一つの集団の内部に形成された集団。上位の集団の文化をもつと同時に独自の文化をもつ）である学級集団においてである。学級集団は学校の目的である学習指導と生徒指導を実践していくための機能的・基礎的な単位を成す小規模の集団である。そのために学級集団のメンバーである児童生徒は日常的に，かつ長期にわたって対面的な関係を継続し，相互に親密な関係を作りだしていく。このように学級集団は全体的に融合的となって第一次集団的な性格を帯びていくようになる。ここでいう学校集団は実際には学級集団のことである。また職業集団も第二次集団であるが，先に述べたように日々の職業活動は小規模の職場集団において営まれるから，同様に第一次集団的性格を帯びるようになる。ここでいう職業集団は職場集団を指す。ただし職業集団は社会的人間としての大人が所属する集団であるから子どもの社会化の過程に限定すれば職業集団は除かれる。

　子どもは，このような第一次集団，あるいは第一次集団的性格を有する集団の系列を辿って社会化されていく。だが集団系列を辿るといっても，子どもはそれまで所属していた集団を離脱して次の集団に入っていくというわけではない。順次的に重複して所属していく。子どもは生まれてから幼児期までは家族集団の中で生活し，親や家族員との関係を通して基礎的に社会化されていく。基礎的な社会化というのは，表3.1のような幼児期の発達課題の習得である。だが，児童期になると仲間集団に加入するようになり，遊び仲間との親密な関係を通して社会化されていく（表3.1の児童期の発達課題の達成）。だが，家族集団から離脱して仲間集団に入るのではなく，家族集団に所属し，家族集団による社会化も受けつ

つ並行して仲間集団にも入っていく。さらに一定の就学年齢に達すれば学校集団にも並行して所属し，同級生や教師との関係を通して社会化されていく。そして児童期の発達課題を達成していくのである。

2．子どもの社会化の過程と準拠集団の移行

　しかしこれらの集団が子ども期を通じて同程度に子どもを社会化していくわけではない。子どもは発達の時間的順序性にしたがって上記のような集団系列を辿っていくが，それにともなって社会化のウエイトが移行していくのである。
　一般に個人がある集団に所属していることを自他ともに認めているような集団を所属集団といい，個人が自分の価値や思考，態度，行動の規準とし，判断の拠りどころにするような集団を準拠集団という。したがって子どもは集団系列に沿った集団に順次加入していくから所属集団は重複して増えていくが，準拠集団は集団系列に沿って順次移行していくのである。生まれてから幼児期までは子どもは家族集団の中で親に庇護・援助されつつ社会化されていくから親の価値や規範，信念や態度が子どもの価値や思考，判断や行動の拠りどころとなる。幼児期までの子どもにとっては家族集団が準拠集団になる。しかし児童期になると家族集団にも所属するが，同時に仲間集団や学校集団にも所属するようになり，子どもは遊び仲間や同級生・教師といった人々との関係を通して社会化されていくようになる。だが，児童期の子どもにとっては親よりも仲間の価値や規範，評価の方が重要となり，さらに同級生や教師の価値や規範，判断や評価が重要になっていく。子どもは自分や他者を評価し，判断する際に仲間集団や，さらには学校集団の行動様式や評価を規準にするようになる。仲間集団や学校集団が準拠集団になっていくわけである。もちろん子どもにとっては家族集団は依然として重要であり，家族集団による社会化も継続していく。しかし家族集団の重要性は次第に限定的になり，それにしたがって社会化のウエイトも次第に減じていく。代わって仲間集団や学校集団の重要性が高まり，これらの集団の社会化の強度が増していくのである。

第 3 章　人間形成と社会化　　39

子どもの社会化の過程は発達の順序にしたがった集団系列に沿って準拠集団が移行していく過程であり，社会化のウエイトが移行していく過程なのである。

おわりに

　現代のように産業化，都市化が急速に進行して移動性の高い社会になると居住の近接性を成立契機とする関係は希薄になって，隣人集団の形成は困難になる。今日ではクーリーが指摘するほどに隣人集団は社会化機能を担ってはいない。現代社会では，家族集団，仲間集団，学校集団が子どもの社会化を押し進めていく主要な機関だといえる。　　　　　　　　　　　　　　　　　　［住田　正樹］

考えてみよう
1．野生児は人間社会から隔絶された状況の中でどのような生活をしていたのか，また人間社会に引き戻されてからはどのように変化していったのか，考えてみよう。
2．社会集団はそれぞれに異なった構造と機能を有するが，子どもの所属集団はそれぞれにどのような構造と機能を有しているか，考えてみよう。

参考文献

Cooley, C. H.（1909）*Social Organization : a study of the larger mind*, Charles Scribner's Sons.（=1970, 大橋幸・菊池美代志訳『社会組織論』青木書店）

Havighurst, J. R.（1953）*Human Development and Education*, Longmans, Greem & Co., Inc. New York.（=1995, 庄司雅子監訳『人間の発達課題と教育』玉川大学出版部）

Itard, J. M. G.（1894）*Le Sauvage de L'aveyron.*（=1967, 古武弥正訳『アヴェロンの野生児』牧書店），（=1978, 中野善達・松田清訳『新訳 アヴェロンの野生児』福村出版）

Shattuck, R.（1980）*The Forbidden Experiment : The Story of The Wild Boy of Aveyron.*（=1982, 生月雅子訳『アヴェロンの野生児 — 禁じられた実験』家政教育社）

column

理科教師から

　薔薇ノ木ニ　薔薇ノ花サク。ナニゴトノ不思議ナケレド。

　私は1978年からしばらく，理科教師として関西地区の公立高校に勤めていた。毎年最初の授業は，いつもこの北原白秋（1914）の詩の一節から始めた。

　「改めて考えると自然は不思議だよね。」日常の中で，自然の不思議に気づく力と感じる力，自然に対する畏敬の念と好奇心，そして自然の不思議を解き明かそうとする科学の眼を育てたい，このようなねらいでこの詩を生徒に投げかけ，理科を学ぶ意義や見方・考え方を説いた。

　私の勤務校は，当時，リーゼントにヤンキー座りが目立ついわゆる教育困難校。生徒たちは毎日元気に登校して友人たちと戯れ，エネルギーが有り余っていた。授業中，おとなしく座って聴くような子どもたちは少ない。彼らをつぶさに観察すると，自分で納得したことには集中力や根気を出して取り組む。しかし，教科書の内容を丁寧に教えても，自分で納得しなければ学ばない。そこで，私は思い切って教科書どおりの授業は止め，生徒が自然や事象に対して「不思議」と感じる気持ちを呼び起こし，その不思議を探究させる授業展開を試みることにした。

　同僚の教員たちの大半は，「本学の生徒に探究活動は無理」と懐疑的であった。私自身もうまくいくという自信はなかった。しかし，この探究活動は生徒たちを夢中にさせた。

　ある女子生徒は，大の阪神タイガースファン。1985年以来しばらく優勝が遠のいていることを嘆いていた。なぜ1985年に優勝できたか，彼女はこれを探究テーマにした。左の強打者がホームランを量産した1985年，強打者に有利な風が甲子園球場に吹いていたのではないか，彼女は，夏休みに気象台まで足を運び，甲子園で開催された試合日の風向と風力を他の年と比較して検討した。その結果，左の強打者に不利な風が比較的弱かったことがわかった。

　ある男子生徒は，カラフルな3色の練り歯磨きのチューブ内がどのような状態で封入されているか解明したいという。チューブの中の状態をどのような方法で観察するか，試行錯誤が続いた。暑い夏のある日，「先生，ついにできた」と彼は顔を紅潮させてチューブの断面写真を何枚も私に見せにきた。なるほど……思いも寄らない方法を彼は考えついた（読者も考えていただきたい）。

　探究学習「私の不思議探究」は，5月の中間考査以降9月にかけて，次のように実施した。

【目　的】

　自然科学の現象や事象に関して，生徒が設定した探究課題に関する情報を収集し，調査し，実験を計画・実施し，レポートにまとめ，発表するなかで，科学的な探究の方法や問題解決の能力を育成する。また，探究レポートの書き方やプレゼンテーションの手法を学ばせる。

【方　法】

5月：「私の不思議探究」の目的について説明し，事例を示しながら，自然の現象や事象の中で探究したいと思うテーマを各自3つ以上考えさせ，探究に値するテーマを生徒と相談しながら1つに絞っていく。本を読んだり誰かに聞いたりすればすぐに解明するようなテーマは除外する。

6月：授業は図書室で実施する。生徒は，各自の「不思議」を解明するアプローチを考え，仮説を立てて検証するため，図書や映像情報から情報を収集し，必要に応じて実験や観察を行う。

7月：探究レポートの中間提出を求め，さらに探究を深めるためのアドバイスを付けて生徒に返す。夏休みは，学校を離れて関係機関から情報を収集したり，じっくり実験や調査を行うための期間として位置づける。

8月下旬：探究の要旨を作成させるとともに，探究レポートを最終提出させる。また，探究成果発表用のOHP（OverHead Projector）シートを作成させる。

9月：探究の要旨集を生徒に配布する。生徒は全員，OHPを使って1人4分で探究成果を発表し，その後2分で質疑を行ったのち相互評価を行う。

　あれから20年以上が経過し，「総合的な学習の時間」が設置され，スーパーサイエンスハイスクール (SSH) 指定高校等で，探究活動が盛んに行われるようになった。新しい学習指導要領では，どの教科においても習得・活用・探究という学びの過程が重視される。高等学校では多くの教科で「〇〇探究」という名称の科目が設定され，「総合的な学習の時間」は「総合的な探究の時間」に変わる。理科教育においては「理数科」が新たに設置され，探究活動を学習の柱とする教育が展開されることになる。探究活動を重視する教育に不安を感じる教員も少なくないであろう。しかし，私はかつての経験から，指導を工夫すれば，どのような生徒であれ主体的に探究活動を行うことができると信じている。（西野　和典）

参考文献

北原白秋 (1914) 薔薇二曲『白金之独楽』金尾文淵堂.

| 第4章 | # 教育制度の国際比較 |

---

keywords

国民統合のための教育　教授用語　試験制度
新自由主義的教育　教育を受ける権利

はじめに

　本章では，世界の国々における教育について考えてみよう。どんな国でも，次世代の国民を育成するために教育制度をもっている。国が制度をもたずに教育を家庭や民間にすべて任せている例はない。さまざまな国の教育制度を比較してみると，共通しているところもあれば，異なっているところもあることがわかる。国の数だけ教育制度があるともいえる。

　これらの教育制度を比較しながら考えることの意義とは何だろうか。まず，多様性と共通性を考えることから，教育の本質とは何かを探求することができる。次に，多様性の背景でもあり，かつ教育が作り出す文化について知り，異なる他者への寛容性を獲得し，同時に共生の道を探求できることである。さらに，外国の教育を合わせ鏡としながら自国の教育の特質を考えることができることである。加えて，理系学生のみなさんが教員となったとき，科学や数学などの人類普遍の知をツールとしながら，国際交流をしたり，国際貢献をしたりするときに備えることができるという点も大いに期待される。

　しかし，なんといっても，未知の国について知ることは，「旅」にも似た「越境」の醍醐味である。「越境」とは，馬越徹 (2007) によれば「自分の立つ位置と目線を変えること」であり，「複眼的にものごとを見て解釈の幅を広げ，望遠・広角で見ること」である。つまり，教育を科学的に考えることである。

第1節　アジアの教育制度から考える

　最初に，日本と関わりの深いアジア諸国の教育制度から考え始めてみよう。

　アジアには，さまざまな歴史や文化をもった社会がある。東の端に位置する日本から，ヨーロッパに接するトルコまで，実に多様な文化・習慣・言語・宗教があり，経済的な発展や人々の暮らしぶりにも先進国から開発途上国に至るまでそれぞれ特有な状況がある。

　多様性に富むアジアではあるが，その教育を考える場合，植民地支配をうけたために伝統的な教育が破壊され，西洋的な近代的な教育制度が導入されたことが共通している。植民地とならなかった日本とタイにおいても，19世紀末に自ら近代教育制度を導入したことから例外ではない。戦後，次々に独立を果たしたアジア各国では，新しい国民国家を建設するために，国境線の内側に居住する民衆を国民として形成する必要性に直面した。言い換えると，国民統合のための国民教育制度の構築が共通に課題となったのである。そのため，おおよそ1950年代頃までに，単線型の義務教育制度が導入された（第13章参照）。

　タイは独立を守り続けたアジアでは数少ない国のひとつである。19世紀末から国の指導者層を養成する目的で近代的学校教育が始まり，20世紀に入って農村でも伝統的な仏教寺院における教育から学校における教育へと移り変わっていった。戦後，周囲の植民地が次々と独立する中で，タイにおいても国民統合のための教育が求められるようになった。野津隆志（2005）によれば，農村部における国民統合のための教育は，1970年代に本格化し，学校における中央タイ語の使用を規範化したり，学校行事等における身体訓練を通じた学校仏教が展開されたりした。また，国家・宗教・国王を国の三大原理とし，すべての学校の教室に国旗・仏画・国王の肖像が掲げられた。特に，国王の視覚化政策により，国王・王妃を国民の父母として仰ぐ家族的国家イメージ形成が展開された。

　インドネシアは，オランダが植民地支配した地域であった。第二次世界大戦中の日本軍政による統治を経て，独立戦争の末にインドネシア共和国が1950年に

建国された。1万を優に超える島々からなり，多民族・多言語・多文化・多宗教の国家として出発することになった。多様性の中の統一を実現していくために，建国の精神として「パンチャシラ五原則」を定め，国民教育の中心にした。その概要は，① 唯一神の信仰，② 公平で文化的な人道主義，③ インドネシアの統一，④ 英知によって導かれる民主主義，⑤ すべてのインドネシア国民に対する社会正義である（西村 1989）。また，言語に関しては250以上の地方語が話されており，国民同士のコミュニケーションを確保するため，スマトラ地方の一部で話されていた言語を基にして，国語「インドネシア語」が開発された。必然的に全土の小学校では，子どもたちは日常的に用いる地方語での授業によって国語としてのインドネシア語を学ぶことになった。高学年になれば授業そのものがインドネシア語で行われるように移行するバイリンガル教育である（西野 2001）。

　マレーシアはイギリスの植民地支配によって，マレー系などの土着の人々（ブミプトラ），中国系の華人，インド系のタミール人からなる複合社会となった。1957年にマラヤ連邦として独立したが，人口で多数派を占めるブミプトラが経済的には不利な立場にあるという社会構造であった。複合社会において人々をマレーシア国民として統合することは，非常に困難な課題であった（杉本 2005）。マレー系中心の政府と華人が対立して，1969年には「人種暴動」が起きて流血の事態となった。この後，政府はマレー系優先政策（ブミプトラ政策）を採用し，マレー系を優遇する教育制度を確立した。特に，言語教育においては，植民地時代以来の英語による教育からマレー語による教育への転換が行われた。ただし，初等教育においては，民族語別の学校体系が整備され，マレー語による国民学校と，華語による国民型学校，タミール語による国民型学校が併存した。他方，卒業後の中等学校ではマレー語のみに一本化されたため，国民型学校の卒業生でマレー語教育が必要な者に対して1年間の移行学級が置かれた。

　中国やラオスも多民族国家である。どちらも主要民族である漢族や低地ラオ族が人口の多数を占め，その言語（中国語・ラオス語）が公用語であり，社会経済的にも他の民族に対して優位に立っている。しかしながら，両国の少数民族教育制度には相違点がみられる。

中国では，漢族の他に55の少数民族が公認されており，経済発展が遅れた西部や東北部に多く分布している。民族の人口が多数を占める地域では，民族による自治が認められる自治区・自治州・自治県が置かれている。社会主義国家であることから民族間の平等を実現させることが重要政策となっている。小川佳万(2001)によると，「差異の承認」「差異の尊重」「格差の克服」が政策理念として掲げられ，教育政策では「民族学校の設置」「民族文化の採用」「教育普及」に具体化されている。つまり，少数民族の言語を教授用語する学校が設置され，その教育内容には民族文化が含まれ，教育機会の格差を克服するために少数民族子女には優遇措置がとられるのである。たとえば，大学入試で合格基準点が漢族より低めに設定されたり，学生生活への援助が行われたりする。

　ラオスも現在，社会主義国であるが，ベトナム戦争と同時期の内戦が1974年まで続いたため，東南アジアの経済発展から大きく後れをとり，学校教育が十分に行われない状態であった。内戦に勝利した反王制側が1975年にラオス人民民主共和国を樹立した後，国際社会からの支援を受けながら，国民統合と経済的自立のために国民教育制度を整備した。しかし，そこで教育機会拡大を享受できたのは主要民族の低地ラオ族であった。たとえば，山地の不便な場所にある貧困なモン族の村では，住民手作りの粗末な校舎があるのみで，義務教育修了に必要な学年が置かれない不完全学校が多い。しかも，民族語での教育は許されず，ラオス語のみによる低地ラオ族文化に基づく教育内容が教えられている。そのため，たとえ小学校に入学したとしても，留年や中途退学が多いという実態がある(乾2005)。

第2節　ヨーロッパの教育制度から考える

　次に，ヨーロッパの教育制度に考えを進めよう。

　今まで考えてきたアジアの教育制度は，ヨーロッパによる植民地支配の時代に導入されたものが起源となっている。現在においても，旧宗主国の影響が教育

制度に色濃く残っている。当初は本国派遣植民地官僚の子女のために置かれた学校で，卒業後に本国の上級学校へ進学できる制度であった。そこに，現地の子どもも就学できるようになり，植民地政府の下級役人として働く人材を育てた。独立後も，国内大学が整っていないと，高度な人材育成のためには旧宗主国の大学との接続が可能な教育制度が必要とされた。

　そこで，ヨーロッパの教育制度について考えてみよう。ヨーロッパの教育制度における学校体系は，共通の初等学校に複数の種類からなる中等学校に接続する例が多かった。ただし，早期の選抜には弊害が多く指摘され，統一的な学校体系に改革が進められた。イギリスの場合，1944年法では，初等教育修了の11歳時に「イレブン・プラス試験」の結果によって，グラマー・スクール，モダン・スクール，テクニカル・スクールに振り分けられる三分岐制であった。1965年に労働党政府はこの試験を廃止し，選抜を行わない総合制中等学校を普及させた。フランスにおいても中学校段階で3種類の学校（リセ前期課程・普通教育コレージュ・中等教育コレージュ）に分岐していたが，1975年のアビ改革によってコレージュに統一された。ドイツでは，戦後の東西分離を経て1990年に統一された。教育権限は連邦制のもとで各州にあるが，共通性を確保するため各州首相による協定が結ばれている。学校体系は，中等段階でハウプトシューレ（職業訓練に接続），レアルシューレ（上級職業教育学校へ接続），ギムナジウム（大学に接続）に分かれる三分岐制である。英仏と同様に総合化・統一化の動きもあったが定着しなかった。

　中等教育修了時に全国共通の統一試験を行って，修了資格を認めるとともに，大学入学者選抜にも用いる試験制度があることも共通している。イギリスの場合，16歳で8～10科目からなる中等教育修了資格試験（GCSE）を受け，さらにその後17～18歳で上級試験を受験する。認定試験であるため合否はないが，大学進学のためにはこれらの試験で優秀な成績を収めておく必要がある。フランスではバカロレアとよばれる中等教育修了資格と大学入学資格を兼ねた試験がある。また，職業高校の生徒向けに職業バカロレアも準備されている。ドイツでは連邦統一ではないが，アビトゥアというギムナジウムの修了試験が行われてい

る。これに合格すると大学入学資格証明書が授与され，大学に入学することができる。州によっては州内で統一のアビトゥア試験が導入されている。

　フランスの義務教育制度についてみると，日本とは大きく異なる特徴がある。それは，教育義務制であるということである。つまり，教育を受けることは，子どもにとっての権利でもあり，義務でもある。その一方で，教育の自由が幅広く認められており，教育を受ける場は公立学校，私立学校ばかりでなく，家庭でもよいことになっている。そのため，義務教育の公立学校における退学処分の可能性がある。日本では，日本国憲法第26条において，国民の教育を受ける権利および親に対する子どもに普通教育を受けさせる義務が定められている。家庭における教育は認められていない。そのため，日本の義務教育は就学義務制ということになる。

　近年のフランスにおいては，学校への就学を原則とし，家庭での義務教育を例外として扱う規制強化が行われた。1998年の義務教育監督強化法である。この法律では，家庭での義務教育に対して学校教育と同等であることを求め，年に一度の監督において親の義務違反が明らかになると拘禁刑や罰金が科せられる可能性がある。就学義務制に歩み寄る方向での改革といえる。その一方で日本では，不登校児が学校以外の場で学ぶことを容認するように，柔軟な対応が進められており，教育義務制に歩み寄っているといえる（藤井 2010）。

第3節　南北アメリカの教育制度から考える

　アメリカ合衆国における教育権限は各州にある。そのため，教育制度は州ごとに異なるといってよい。学校体系でみると，6－3－3制はむしろ少数派で，4年制ハイスクールの州が多い。その場合も8－4制や3年または4年のミドルスクールをおく5－3－4制，4－4－4制もある。義務教育年限も州によって異なるが，9年間が平均的である。1950～60年代の公民権運動の時代には，アフリカ系の子どもたちの教育機会均等が主要な教育政策課題となり，多様な文化

48

的背景をもつ子どもたちが共存し，互いに尊重し合い，自らのアイデンティティを確認するための多文化教育が行われるようになった。1980年代になると，国際的な学力テストの結果から深刻な学力低下が問題化した。連邦教育省は1983年に報告書『危機に立つ国家』を発表して警鐘を鳴らした。しかし，連邦政府の教育に対する影響力は少なく，合衆国全体の学力向上は困難であった。

2001年に成立し，翌年度から施行されたNo Child Left Behind法は，連邦政府が各州に対してすべての子どもの教育成果に対して責任を果たすように迫るものであった。「落ちこぼれゼロ法」「誰も置き去りにしない法」などとも訳されるこの法では，スタンダードに到達するという学校改善の目標を掲げさせ，テストの結果に対する説明責任が課され，学力向上の成果による賞罰がもうけられ，親や生徒の学校選択を拡大させるなど，競争による質向上の実現が図られた。そのための具体的方策は各州の自由に任せられたが，コミュニティや民間などが積極的に教育参加するように促した。コミュニティが自主的に公立学校運営を3〜5年の期限つきで担うチャータースクールが注目を集めているが，Edison School社，Victory Schoolsなどの営利目的企業・団体や大学，NPOに公立学校運営を委託する公私協働方式も広がりを見せている（中島 2007）。このように，学校選択や学校運営に関して自由を拡大し，競争に勝つための企業的努力によって効率性の向上と学校改善を目指すことは，新自由主義的教育政策の特徴である（第1章参照）。

新自由主義的教育政策をアメリカよりもより徹底的に展開させているのが，南米のチリである。1980年軍事クーデターにより，社会主義政権が倒され，軍事政権下で新自由主義的教育政策が導入された。そこには，アメリカのシカゴ大学で新自由主義経済学を学んだ元留学生たち，いわゆる「シカゴ・ボーイズ」の存在があった。社会主義下では活躍の場がなかった彼らだが，経済政策にはビジョンをもたなかった軍部から経済再建を任され，次第に教育分野にも発言力を高めていった。その基本政策は，公共サービスを民営化して，徹底して市場原理を導入し，効率性と質の向上を図るものであった。そして教育に導入されたのがバウチャー制度であり，バウチャー（金券）を親に渡し，親は子女を就学させる学校

を選択して，授業料を払う代わりにバウチャーを提出するというものである。チリでは，公立・私立の区別なく生徒一人当たり同額の国庫助成金を配分する方式がとられた。その結果，助成を受ける私立校は無償化された。そして，民間からの新規参入を促し，親に学校選択権を与え，生徒獲得競争を激化させることで学校経営の効率化と質向上が目指された。

　チリの学校体系は，基礎教育8年と中等教育4年からなる12年制であり，基礎教育に関してはすでに普及していたが，中等教育に関してはバウチャー制度導入後に私立校が急増して教育機会が拡大した。その結果，2000年当時には基礎教育はほぼ完全普及し，中等教育も90％にまで就学率が高まった。その一方で，国立であった基礎学校・中等学校が330の市町村に移管され，それにともない国立学校の教員は全員解雇となり，改めて市町村との雇用契約を結ぶことになった。バウチャー制度では，在籍者数によって毎年度学校の予算が変動するため，教員の雇用に関してより柔軟な契約が必要とされた。つまり，生徒獲得競争の結果によって，教員の採用・解雇が日常的になった。チリでは，1990年に民政復帰したが，すでにバウチャー制度は親の学校選択権として定着していたことなどからその後も継続されている。

　このような新自由主義的教育政策，特にバウチャー制度にどのような効果があったのか。斉藤泰雄（2012）によると，チリ政府の求めに応じてOECD調査団による調査が行われ，その報告書が公表されており，その内容から判断できる。教育の効率性の面では，毎月の出席者数に基づいて補助金が交付されるため，欠席数の中途退学の減少が見られ，一定の効果が認められた。しかし，私立校の成績がより良いという結果については，私立校に公立校の成績上位者が移ったことによる現象と考えられ，全体としては成績の向上は認められなかった。また，新設私立校は経営を最優先させるため，若い教員を雇用して人件費を抑えた。したがって，質向上の効果はあいまいとされた。また，学校選択の機会が増えたのは都市部に限られ，私立校が進出しなかった地方部には効果がなかった。したがって，教育の公正性については逆効果と考えられた。OECDはバウチャー制度を継続することには疑問符をつけているのである。

第4節　世界共通の教育課題を考える

　これまで地域別に教育制度を考えてきたが，続けて世界全体が共通に取り組んでいる課題が何かについて考えてみよう。その一つが人権としての教育を受ける権利の保障である。世界全体の共通課題として初めて明確にされたのは，1948年の世界人権宣言である。また，ユネスコ主導で各地域の無償義務教育制度の確立を宣言する動きが1950〜60年代に続いた。

　しかし，成果を上げることは困難であったので，1990年，ユネスコ・ユニセフ・国連開発計画・世界銀行共催で，「万人のための教育（Education for All）」（以下EFA）世界会議がタイのジョムティアンで155カ国の参加を得て開催され，EFA宣言が採択された。すべての者に基礎教育を受ける権利があることを認め，基礎教育機会を享受していない子どもに機会を与えようとする宣言であり，発展途上国や後発開発国に，基礎教育拡充を進め，行動計画の枠組みを構築するきっかけを与えた。その結果，初等教育義務化が完成していない場合には初等教育の拡充，前期中等教育義務化が完成していない場合には前期中等教育の拡充に取り組ませた（森下 2006）。2000年4月には，セネガルのダカールで「世界教育フォーラム」が開催され，2015年までに初等教育の普遍化の完成を目指す「ダカール行動枠組み」が採択された。その方針は，2000年9月の国連ミレニアムサミットにおいて採択された「国連ミレニアム宣言」に反映され，「国連ミレニアム開発目標（MDGs）」に引き継がれた（コラム「SDGsと学校教育」参照）。世界銀行を始め，先進国が発展途上国や後発開発国に対して援助をする開発事業が盛んに行われ，初等教育の就学率の上昇など，一定の成果が得られた。他方，社会的弱者は貧困，障害，性差，へき地などのさまざまな要因を依然として克服できず，就学率が100％になるという目標は実現できていない。

　日本政府も国際協力機構（JICA）や国際協力銀行（JBIC）を中心に多大な国際貢献の実績を上げてきた。1980年代までは，高等教育分野や学校建設分野が得意

であったが，EFA 宣言以後は初等・中等教育への援助も重点的に展開するように
なった（黒田・横関 2005）。それ以外にも青年海外協力隊による教育支援のよう
に，実際に日本の若者が現地で活躍する事業も息長く続けられている。とりわ
け，理数科分野の教員養成や教授法の支援に関しては，大学で教員免許を取得し
た若者や，現職教員が活躍の場を広げている。

おわりに

「越境の旅」は一応の終着地に到着しようとしている。世界の教育制度が実に
多様であることが感じられたであろうか。また，多様であると同時に共通の目標
に向かっていたり，グローバルな競争環境の中で学力向上を実現するためのさま
ざまな工夫があったりと，共通性も感じられたであろうか。このようなことを研
究する学問が「比較教育学」である。本章の内容はこの比較教育学の成果による
ものである。この学問は，比較法によって教育の本質を考える学問であるととも
に，理系を含む多様な分野の出身者が集う学際的でありかつ実践的な学問でも
ある（山田・森下 2013）。興味がもてることがあるなら，さらに比較教育学を学ぶ
とよいだろう。

日本での教育しか知らない時には，当たり前と思っていたことが，実は当たり
前ではなかったと気づくことから，複眼的思考が始まる。そして，本章の冒頭で
掲げたように，将来の世界において，理系分野で活躍することになるみなさんに
は，多様な他者への寛容性を獲得し，ともに生き，働くことができる資質に磨き
をかけてもらいたい。

［森下 稔］

考えてみよう
1. 外国の教育制度から日本の教育制度を振り返って，その特徴を分析してみよう。
2. 外国の教育制度について，図書・資料などの文献資料により，より詳細に，あるいは最新事情を調査してみよう。
3. 時間と資金が許されるなら，実際に外国へ行き，そこでの教育を自分自身の目で確かめよう。

参考文献

乾美紀（2005）『ラオス少数民族の教育問題』明石書店.

馬越徹（2007）『比較教育学 ― 越境のレッスン』東信堂.

小川佳万（2001）『社会主義中国における少数民族教育 ―「民族平等」理念の展開』東信堂.

黒田一雄・横関祐見子（2005）『国際教育開発論 ― 理論と実践』有斐閣.

斉藤泰雄（2012）『教育における国家原理と市場原理 ― チリ現代教育政策史に関する研究』東信堂.

杉本均（2005）『マレーシアにおける国際教育関係 ― 教育へのグローバル・インパクト』東信堂.

中島千惠（2007）「アメリカ：学校ガバナンスにおけるビジネス」『比較教育学研究』第34号，124-140頁.

西野節男（2001）「インドネシア ― パンチャシラ教育の現実」村田翼夫編著『東南アジア諸国の国民統合と教育 ― 多民族社会における葛藤』東信堂，52-98頁.

西村重夫（1989）「インドネシア ― 多様性の中の統一を目指す教育」馬越徹編『現代アジアの教育 ― その伝統と革新』東信堂，128-145頁.

日本比較教育学会編（2012）『比較教育学事典』東信堂.

野津隆志（2005）『国民の形成 ― タイ東北部小学校における国民文化形成のエスノグラフィー』明石書店.

藤井穂高（2010）「フランスの義務教育改革をめぐる論点」『比較教育学研究』第41号，東信堂，3-17頁.

森下稔（2006）「教育」北川隆吉監修『地域研究の課題と方法 ― アジア・アフリカ社会研究入門【実証編】』文化書房博文社，251-261頁.

山田肖子・森下稔編著（2013）『比較教育学の地平を拓く ― 多様な学問観と知の共働』東信堂.

column

工業高校における部活とものづくり

　今，工業高校に，世間，特に企業から求められている人材は何か。私自身，工業高校を卒業し，工業高校の教員として勤める中で感じてきたことがひとつある。それは，規範意識が高く，集団行動の取れる，元気のある者である。工業高校の多くの卒業生は技能職として働く。生産ラインなど現場で何よりも必要とされるものは，よくも悪くも体力と従順さなのである。日本のものづくりの技術は極めて高度である。実際に，各企業でものづくりの前線に立つ者たちは，高卒で働き始めて高い技術力を獲得し，代々そういった技術が伝承されていく。そんな職人気質の世界では，ハキハキと元気に受け答えできる人材が重宝されるわけである。

　学力はさておき，このような工業高校では，部活動が全国的に盛んである。工業高校の多くは全県学区のため選手を集めやすいためである。また，スポーツ推薦等での進学も可能であり，就職先も多い。進路保障が手厚いと選手も集まりやすい。さらに，工業高校の教員はひとつの学校に長く勤務しやすい。そうした条件から，全国を目指すような競技の部活動が工業高校には多数存在する。そして，そういった活動は前述したような就職で求められる人材と合致しているので，学校としても部活動の強豪校であることは大きな特色となる。

　しかしながら，部活動に対する思いも，実は教員間でさまざまである。工業科の教員を私なりにタイプ分けしてみると，① 部活動を指導したい気持ちが強い先生，② 技術科に付随して工業の免許を取得した教育大学出身の先生，③ 工学部・理工学部等出身の先生，④ 民間企業から転職した先生，⑤ 実習助手の先生，となる。よくも悪くもこれだけの多種多様な教員が同じ職場で仕事をしているとトラブルは尽きない。部活動が強い工業高校にありがちなのが，部活動指導に熱心な先生vs工業の先生の構図である。部活動指導に傾注している先生にとって，課外の時間は部活動優先で生徒は活動するべきだと思っている。一方，工業の先生の中には，課外の時間を活用して，一人でも多くの資格・検定の合格者を出したいと考えている先生も多い。しかし，物理的な時間は限られているので，板挟みになる生徒も出てくる。

　一方で，工業高校には，運動部だけでなく，ものづくりの部活動も複数ある。科やコースの取組みとして活動しているところもあれば，課題研究の一環として大会に出場するところもある。どちらにしても，工業高校においてものづくりは当然重要視されている。いくら部活動重視の工業高校であっても，工業高校とい

う看板は変わらないからである。管理職側からすれば、"ものづくり"という工業高校として王道の目玉を持つことへの取組みは決して無下にはできないのだ。

　ただ、ものづくりの活動というのは、「指導者と予算」による課題がある。なかには、先生主導で作品を完成させる学校もある。しかし、これはやむをえないことでもある。高校生がまったく白紙の状態から設計から製作を行っていくのは、限られた時間、限られた予算の中では不可能である。ある程度教員が主導しながらものづくりに携わることで、技術習得を目指していくスタイルにはどうしてもなる。

　そして、何といっても予算である。たとえば、学校にすでにある備品からして、学校間に優劣が存在する。同じ自治体内の工業高校でも、3D プリンタなど高額の大型機器が納品されている学校とそうでない学校がある。また、すべての科に最新機器を導入できるわけでもない。つまり、既存の設備でものづくりのできる範囲がある程度限られてくる。さらに、練習や実習で使用される消耗品も決して安くはない。工業高校は今、授業として行う材料費でさえ削減されており、課外活動に特別な高額の予算はなかなか付けられない。部活動には限界があるため、科・コースの取組みとして、予算を確保せざるをえない。

　すると、見えてくるものがある。運動部とものづくりの部活動とでは、むしろものづくりの方が経費は高い。それに対し、ものづくり関係の部活動では、部員の人数は多くても10人程度である。となると1人当たりの金額はものづくり部活動の方が飛び抜けて高いということになる。人数の多い運動部活動の運営がいかにコスト・パフォーマンスの良い活動であるかがわかる。そして民間企業の求める人物像は多くは体育会系の人材なのである。しかし、コスト・パフォーマンスだけで良し悪しを決めることはできない。運動部活動は、工業高校以外ででも盛んなのだ。学校の予算を多少割いてでも少数の生徒らのものづくり活動を指示する管理職らの考えも必然といえよう。ものづくりの技能を高めることは工業高校にとっての使命でもあるからだ。このように、予算の配分をめぐって、教員の志向や価値観が日々葛藤している。

（高橋　利明）

| 第5章 | 日本の学校の成立と発展 |

keywords

学制　学校令　就学率　中等教育改革

はじめに

　今日，日本の学校制度をめぐっては大きな改革が進行している。高等学校の無償化，幼稚園から大学までを通して校種間の接続と一貫性を確実にするための学校体系の見直し，外国人児童生徒受入体制の整備ほかインクルーシヴ教育システムの樹立など，そのスケールはかつてないほどに大きなものとなっている。かたや，学校病理現象ともいわれてきた《いじめ》や《不登校》などの問題も依然，深刻な状態にある。

　一方，教育が学校（教師）だけではなく，家庭や地域社会，あるいは職場との連携協力によって進められるものであることが再確認され，カリキュラムも地域社会に開かれたものになることが強く求められている。今，あらためて学校の存在意義・役割が問い直されている。

　このような情勢において，学校の役割と今後の望ましい在り方を考えるとき，これまでの学校がどのように制度化され，社会の要請や期待にどう応えようとしてきたのかを踏まえることが大切である。本章では，日本の近代以降の学校の変遷について，特に義務教育および中等教育制度に重点を置いて論じていく。

第1節　近代公教育体制の整備

1．学制の制定

　国民国家教育の制度的基盤を築こうとする明治新政府は，1870年2月に「大学規則並中小学規則」を出し，身分に応じて複線的に設定されていた維新以前の教育施設の在り方を改め，小－中－大（「高」はまだない）という単線型校種体系に改める構想を具体化させた。翌1871年に文部省を設置するや，政府は諸外国の学校制度の翻訳調査の蓄積を参考にして法制の整備にとりかかった。そして1872年，フランス・アメリカ・ドイツなど諸国の学制を参考とした近代的学校制度である「学制」が全国に頒布されたのである。

　学制の理念は，その趣旨説明書にあたる太政官布告（「学事奨励に関する被仰出書^{おおせいだされ}」）に示されている。その理念とは，教育の目的を，個人が身を立てていくための「財本^{もとで}」を得ることに置き，教育の内容を実学・実用的なものにすることであり，国民皆学が理想として掲げられた。

　しかしながら，学制が敷かれた当時の小学校の就学率は公式統計では30％弱に過ぎず，公布後5年が経過した1877年の時点でも約40％であった。就学率でさえこれほど低い値を示している状況では，日常の出席率はさらに低かったと推測される。人々の学校に対するニーズは低く，小学校教育に対する反対運動が発生した地域さえあった。学校が地域住民の理解を獲得し，その期待に応えるには教育費負担や学習内容をはじめとするさまざまな点での見直しが必要であった。

　なお，なかには莫大な経費のかかる洋風建築の新しい小学校舎を建築する地域もあった。ただし，そのような地域の多くは蚕糸業や製茶業などで潤い，成果が未知数の教育に対して期待的投資をするだけの余裕のある地域であった（橋本・板倉 1997）。

　以上のような動向から，地域住民らの理解と協力がなければ学校制度の普及定着はおぼつかないことを痛感させられた政府は，早くも1879年に，学制に代わ

る教育令を公布した。教育令は，必修教科の幅や修業年限などの点で従来の学制の規制を大きく緩和する性格を帯びていた。しかし，この規制緩和が裏目に出て小学校教育の整備が中途半端に終わり，かえって退行の傾向すら見られるようになった。このため，政府は翌1880年に教育令を改正し，学校の設置認可，修業年限や授業時間などにおいて再び規制を強化した。一方，この改正では，従来なかった農学校や職工学校などの新しい学校の設置が示唆されている。これは，国家の殖産興業的ニーズと国民の実用的ニーズに応えようとした現実的対応の表れとみることができる。

2．学校令の制定

　前項で述べてきた明治前半期は，全国に普遍妥当的な教育制度を敷くこと自体への試行錯誤が続いていた時期だといえる。その動きに，ある程度の落ち着きが見えてくるのは1885年に内閣制度が敷かれる頃にまで下る。このとき，初代の文部大臣に就任したのが森有礼である。森は従来の教育令にかわって，1886年に校種ごとの学校令を打ち出した。学校令とは「帝国大学令」「小学校令」「中学校令」「師範学校令」の総称である。

　森の学校令構想の特徴は，端的にいえば，国民各階層ごとに国家のために尽くす人材を養成するという観点が貫かれていたことにある。学校令には，帝国大学は学問研究の場，小学校・中学校は教育の場という目的の違いが明確に打ち出されていた。

　師範学校という校種自体は以前からあったものの，森は国民教育の任に当たる教師養成のための学校という性格認識から，この校種の改革に力を注いだ。永らく欧米諸国を巡視してきた森は，洋式軍隊の規律正しい生活様式，すなわち，全寮制・兵式体操といった新しい要素を師範教育に採り入れたのである。

　森はこの改革によって師範学校令第1条に示すような生徒に求められる気質（＝「順良」「信愛」「威重」）を，まず教師自身がそなえることを望んでいた。だが，その考え方では，教師は生徒に対して親和的関係を築く方向へは向かわないた

め，後に，当時の師範学校教育を受けた教師の威厳を前面に押し出した行動様式や態度は「師範タイプ」というネガティヴな表現で言い表されることになった。

3．教育勅語の成立と学校

　一方，維新以来，教育政策において知育が偏重され，徳育がないがしろにされているという批判が，皇室側近などから発生していた。その批判的意見を反映し，教育令改正の際には，修身科（現在の道徳）が筆頭教科に位置づけ直された。そのうえ，修身科重視が果たされた後も，道徳の根本基準あるいはよりどころを定めよという意見が識者たちから相次いで出されていた（「徳育論争」）。

　そのような徳育をめぐる議論の末，1890年，臣民の道徳教育の理念を示す天皇の言葉として教育勅語が出された。教育勅語は，皇室の尊厳性を述べた後に，孝・和・信・恭倹・博愛などのさまざまな涵養すべき徳目を列挙するという内容構成であった。そして，それらの徳目は最終的には「一旦緩急アレバ義勇公ニ奉ジ」として，滅私奉公の文脈に載せられていた。

　教育勅語は内容の如何だけでなく，その学校における取り扱われ方の点で歴史的に大きな意味をもった。子どもたちは学校で勅語の暗唱を求められ，また学校儀式での教育勅語《奉読》の場面では，子どもはじっと頭を垂れて聞き入っておかなければならなかった。勅語はその後，第二次大戦が終わるまで50年以上にわたって学校教育の場に君臨することとなった。

第2節　学校の定着・拡充

1．義務教育の徹底と実業教育の制度的充実

　森大臣は，不振を続けていた小学校への就学を徹底させるために，小学校令の中に「父母後見人」には子弟を就学させる「義務」があることを明記した。しか

しながら，授業料支弁については「父母後見人」がこれを行うこととされ，就学義務の猶予・免除規定もあったことから，就学率は急激には上がらず，公式統計上は1891年に至ってようやく50％を越えた。

　就学率上昇の大きなきっかけとなったのは，1900年の小学校令改正である。このとき，従来は3年間という例外も認められていた尋常小学校4年間を義務教育とし，その間の授業料は徴収しないこととされた。この改正により，就学率は2年後の1902年には90％を越えるまでに至った。

　さらに，1907年の小学校令改正では，尋常小学校の修業年限が6年に延長された。また，このとき同時に，尋常小学校の次段階校種として位置づけられていた高等小学校修業年限（2年）も3年への延長を認められた。ただし，尋常小学校の年限延長にともない，尋常小学校卒業者がそのまま中学校に進むことも可能となった（中学校への入学においては高等小学校の課程修了が絶対条件ではなかった）ため，高等小学校に進学するルートと中学校に進学するルートとが枝分かれすることになった。こうして，学制改革の焦点は中等教育段階およびそれ以上の校種段階の一層の充実へと移行していった。

2．中等教育の進展

　1899年に中学校令が改正され，中学校は「男子ニ須要ナル高等普通教育」を行う学校と規定し直された。同時期に，「工業農業商業等ノ実業ニ従事スル者ニ須要ナル教育」を行う実業学校と「女子ニ須要ナル高等普通教育」を行う高等女学校について，それぞれ実業学校令と高等女学校令が公布され，中等教育の性格的区別にともなう校種の多様化が進行した。

　このうち，実業学校は，1893年に文部大臣に就いた井上毅によって力が注がれてきた実業系の中等教育機関の拡充整備を促進する流れをつくった。日清戦争期以後，急速な資本主義経済成長の中で出された実業学校令は，産業教育の振興にはずみをつけ，特に工業補習学校や工業学校を増加させた。その後，1903年には高等教育機関としての専門学校が規定され（専門学校令），実業系ルートの学

校体系が確立した。

　一方，実業補習学校，特に農業補習学校はこれまで小学校を修了してすでに農業生産にいそしんでいる勤労青年たちを収容する機関としての性格を強めていった。日露戦争期の銃後活動を契機として，内務省・陸軍省から注目されるようになった勤労青年に対しては，文部省サイドでも公民教育的見地から，一定の知徳修養を身につけさせる必要が感じられていたのである。勤労者を対象とする実業補習学校ではフルタイムの教育課程が敷かれず，それゆえ，社会教育の範疇でとらえられた。しかし，国民の多くの層がこのルートでの学びに励み，その後の青年学校・新制中学校での学びにつながっていったという点で，実業補習学校は学校教育史上に大きな意味をもった。

3．臨時教育会議

　1910年代には，国内の労働問題や「危険思想」対策などの諸課題が増大し，世界情勢も内紛や戦争の勃発などによって緊張を持続させていた。そのような情勢での諸課題に対応するため，教育政策には一層力が注がれることになった。

　政府は1917年に内閣総理大臣の諮問機関として臨時教育会議を設置した。臨時教育会議では，小学校教育から大学および専門教育に至るまで，多様な分野を検討対象としたが，特に，高等教育機関（大学・高等学校・専門学校）の整備拡大には力が入れられた。具体的には，男子の「高等普通教育ヲ完成」させることをねらいとした七年制高等学校や，従来は専門学校であった私立の大学が，制度的に認められるようになった。この改革は増大する都市中間層の教育ニーズ（学歴志向）に応えることにもつながった。

4．新教育学校の展開

　第一次大戦後に日本に押し寄せたデモクラシーの波は，学校教育にも，新教育思想の流行というかたちで影響を及ぼした（第2章参照）。すでに明治の後期には

第5章　日本の学校の成立と発展　　61

ドイツ田園教育舎系の新教育学校の実践やアメリカのデューイ学校の構想などが紹介されていたが，大正デモクラシーの時期になると，各地の師範学校附属学校や私立学校において，児童中心の考え方に立つ教育活動が活発化した。

沢柳政太郎は，現下の教育研究を「空漠」だと批判して，1917年に自ら設立した成城小学校において，実地に照らした教育研究にあたっていたが，1924年には自学自習を重んずるドルトン・プランの提唱者であるアメリカのパーカースト（Helen Parkhurst）を招聘，自身も同プランの実践に取り組んだ。

1924年に野口援太郎らが開校した「池袋児童の村小学校」では，徹底した自由を追求して野外活動を重視した。同校の訓導であった野村芳兵衛らが子どもを「野人」と表現したことには，彼らの追求した学校（生活の舞台）が校舎・敷地などの枠を度外視したスケールで構想されていたことをよく示している。

また，特定の学校に拠点を据えず，より広範に展開する教育運動を通じて新教育的な考え方は広まった。山本鼎の自由画運動や，鈴木三重吉らの雑誌『赤い鳥』を拠点とする児童文学運動などがそれにあたる。

書物やジャーナリズムを中心とした活動としては，この頃，与謝野晶子や野口援太郎などの文化人が男女共学の実現を目指す積極的な主張を行っており，この運動が第二次大戦後の男女共学制度の速やかな定着実現につながるものだったことにも留意しておかなければならない（橋本 1992）。

5．戦時下の学校

実業補習学校が普及していた1926年，「青年ノ心身ヲ鍛錬シテ国民タルノ資質ヲ向上」させることを目的とした青年訓練所が全国に設置された。16歳を迎えた男子青年を4年間入所させる青年訓練所は，軍事予備教育機関としての性格を多分にもっていた。

1935年，青年訓練所と実業補習学校とが統合され，新たに青年学校がつくられた。男女青年に対して，心身鍛錬・徳性涵養・知識技能の教授を通じて国民としての資質向上を図ることを目的とした青年学校は，青年たちの確実な戦時動員

を見越して1939年に一部義務制（男子本科5年）となった。

1941年度には，小学校が国民学校に改められた。国民学校はその究極の目的を基礎的《錬成》に据えた。国民学校では，「小国民」としての児童の資質涵養に重きが置かれ，「行」の教育，勤労奉仕，奉安殿に対する日々の礼拝（最敬礼）などが徹底して実施された。

図5.1　奉安殿
出所）絵葉書「奉遷式記念」岩倉尋常高等小学校，より。

奉安殿とは，御真影（天皇の肖像）と教育勅語を収納した建造物であり，当時，多くの学校に建てられていた。木造校舎内に御真影などを収納した場合，火災等に見舞われる危険性が高いため，独立施設としての奉安殿が要求されたのである。だが，校庭にこのような施設が現れることは国民の規律訓練の意味でも効果を発揮することになった。奉安殿の建設には莫大な経費がかかり，それは篤志家たちからの支援によって賄われることが少なくなかった。奉安殿という常在施設を通じた学校と地域住民との関係づくりが進展した点は住民の学校受容を考えるうえでも注目すべきポイントである。

また，《錬成》を行うための独特の施設として，日輪道場（日の丸のイメージ）や八角舎（「八紘一宇」をイメージした八角屋根の宿舎）などが各地の学校内に，あるいは社会教育施設として設けられた。これらの施設は近代的《学校》の校舎というより，共同生活によって心身を練磨する《私塾》をイメージして造られていた。

第3節　戦後の学校制度

1．敗戦後の学校の動向と戦後教育改革

敗戦後，まず既存の教育体制の速やかな停止がＧＨＱ（連合国軍総司令部）から

要求された。「日本教育制度ニ対スル管理政策」をはじめとする四大指令によって，軍国主義教育の停止と軍国主義あるいは超国家主義者の公職追放，皇国史観的色彩の濃い3つの教科（修身・日本歴史・地理）の停止などが進められた。各学校には，アメリカの軍人が視察に訪れ，指令の徹底状況を確認した。学校内で最も神聖な場所であった奉安殿もその多くが破壊され，ごく一部が学校外に移設のうえ，転用された．

　1946年3月には，アメリカ本国から来日していた教育使節団によって教育民主化の方向性を示した報告書（第1次）が出された。同年8月に設置された教育刷新委員会（中央教育審議会の前身）は使節団報告書に則って，学校制度の改正について審議を重ね，翌1947年に，教育基本法，学校教育法の公布として実現させた。これにより，学校教育体系は6－3－3－4の単線型となり，このうち初めの9年間が義務教育期間となった。

2．高度経済成長期の学校

　発足当初50％を下回っていた高等学校（新制）への進学率は，1961（昭和36）年に60％を越え，1965（昭和40）年には70％を越えた（図5.2）。この背景には，高度経済成長のもとでの各家計の急激な余裕増大がある。地域によっては高校進学ニーズに受け入れ側である高校の量的規模（校数・定員など）が見合わなくなる事態も生じた。

　高等学校進学者が90％を超えるようになった1970年代中盤以降，高等学校の充実のための視点はその〈量〉の側面から〈質〉の側面へと次第に移ってきた。

3．中等教育改革

　1980年代に入ると，高等学校教育の個性化・多様化がこれまで以上に大がかりな制度改革として具体化されるようになった。1984年に内閣総理大臣の諮問機関として設置された臨時教育審議会は，1985～1987年の間に4回の答申を出し，

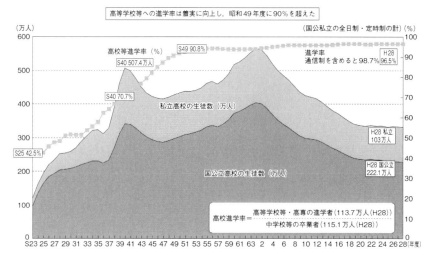

図 5.2 高等学校への進学率

出所）文部科学省（2017：143）

その中で，生徒一人ひとりの個性の一層の重視を実現すべく，選択幅の拡大が提唱された。

その改革構想は，高等学校の改革〔単位制高等学校（1988年～），総合学科（1994年～），中高一貫教育（1999～）〕というかたちで具現化された。

中高一貫教育は，入学者選抜をめぐる諸問題や高等学校での中途退学・不適応問題の解消，さらには6年間を見通したゆとりある教育課程の設計により，充実したキャリア形成を実現させることを目指している（第1章参照）。

おわりに

日本の学校の歴史の中で，学校教育，特に中等教育は第二次大戦の前と後，それぞれで量的拡大と多様化を進めてきた。今日では，その多様化路線が一段落して，校種間連携・校種間接続の問題に関心が移行している。かつての日本で，義務教育年限の延長や新しい校種の設置が実行されてきた事実を眺めると，連携・

接続の在り方を考えるうえでも，いろいろな可能性があるように思える。

　学習者側からみれば，学校への適応あるいはキャリア形成上のさまざまな問題が除去ないし解消されることは好ましいことである。ただし，そのことによってたくましく「生きる力」「生き抜く力」が身につくわけではない。

　学校選択や学校適応をめぐって失敗したり不運に見舞われたりした人たちの中には，それを貴重な糧にしてたくましく生きている人も少なくないはずである。それに匹敵するような貴重な糧を生徒たちにつかませることも，問題解決と同様に重要なことであろう。　　　　　　　　　　　　　　　　［田代　武博］

考えてみよう

1. これからの高大接続を一層スムーズに進めるには，どのような取り組みが効果的だろうか。
2. 「学力を身に付けさせるとか，教科内容を理解させるとかいうことではなく，学校にしっかり来させて学校をやめさせないことが大事なのだ」という意見がある。これはどういうことを言おうとしているのだろうか。
3. 知育・徳育・体育と次元の異なる錬成は，身体のどの部位を練り上げることを目指し，また，その成果をどうやって測定しようとしていたのだろうか。

参考文献

絵葉書「奉遷式記念」岩倉尋常高等小学校（愛知県）.

木村元（2015）『学校の戦後史』岩波書店.

橋本淳治・板倉聖宣（1997）「明治初期の洋風小学校の建設とその思想的・経済史的背景」『教育史像の再構築（教育学年報6）』世織書房，261-312頁.

橋本紀子（1992）『男女共学制の史的研究』大月書店.

文部科学省（2017）『平成28年度　文部科学白書』.

文部省（1981）『学制百年史』.

新任教師から ― 私の教員としての心掛けとアドバイス ―

● "数学を理解していない数学教員は泳げない水泳コーチと同じ"

　学生時代，所属していた研究室の恩師から教えられたことがある。この言葉と併せて，大学で数学を学ぶ意義を説いてくれた。「数学教師が中学や高校の数学ができるのは当たり前。だが，十分ではない。それでは，生徒と同じレベルで悩むことになる。それでは生徒の将来が悪い方向へと変わってしまう。」

　授業は学校の中心である。授業をするにあたって，指導内容よりも深く専門のことを知る必要があると常に心掛けている。専門教科の体系的な理解に努めることは，時間にゆとりのある学生時代にしかできない。学生の本分を全うすることで教員にとって必要な資質を高めることができる，これほどオイシイ話はないと私は考える。ぜひ学生時代に，専門教科の体系に触れてほしい。

● "自分の好きな数学を教えるのは悪である"

　大学，大学院と数学の研究にのめり込んだ私は，より高度な専門知識を得ることができた。教員採用試験にも合格をし，いよいよ学んできたことを生かすときが来たと感じていた。しかし，自分が思う数学のおもしろさを授業で話をしても思うように伝わらなかった。理由は単純だ。私が配属された学校は進学校ではなく実業高校。数学が苦手な生徒が多く，卒業後は就職する生徒が多い。つまり，高度な数学は必要がなかった。目の前の生徒をよく見ていなかったと痛感した。

　授業の主役は生徒である。これからは，何を学ぶかより，どのように学ぶか，学校で学んだことを社会や人生で生かそうとすることができるかが重視される。これまで以上に生徒の立場に立って物事を考える必要がある。「自分の好きな数学を教えるのは悪である。」極端だが，そのくらいの気持ちで先入観を捨てることで，目の前の生徒にとって必要なもの，大切なものが見えてくるのだと私は思う。専門教科の体系に触れた経験を生かし，生徒がより興味を抱き，将来に役立つ経験をすることができる授業づくりを心掛けてほしい。

　教師となり，2年目を迎えた。1年目はわからないことが多いながらも，試行錯誤を繰り返しながら乗り越えてきた。授業と部活動の顧問が主な仕事内容であり，苦戦しながらもだんだんと勝手がつかめてきた。2年目となった現在はホームルーム（学級）担任を務めている。そのほか，1年目よりも重要な役割を任されるようになり，日々生徒と向き合う生活を送っている。大変なことの方が

多いが，充実した日々を送っていると実感している。

　本書を手に取り，このコラムを読んでくださった学生の皆さんにとって，何かのヒントになれば幸いである。最後に，教員への登竜門，教員採用試験について記しておく。後輩などに相談されたときに私がいつも送るアドバイスがある。

● 合格するためだけの勉強にしない

　もちろん合格しないことには何も始まらないのだが，合格だけを目指している人は，その目標にすら届かないことが多いように思える。教員採用試験に向けて勉強したことは教員になってからも大いに役立つ。なぜならば，教員として教壇に立つ姿を想像し，教育について考えるのに良い機会となるからである。その姿勢が，仕事への取り組み方になり，現場で自分を支える教育観となる。将来の自分への投資をしっかりと行っておこう。

① 面接試験のポイント

　受験をする自治体のホームページ等で「求める教師像」は必ずチェックをしておこう。教員採用試験は，自治体の「求める教師像」としてふさわしい人物，この自治体の教壇に立たせるに値する人物だと判断されなければ合格はできない。受験する自治体の「求める教師像」が自分の考える教師像や教育についての思考と合うかどうかを考えるべきである。そのうえで，過去の出題例を参考にしながら実際にどのように回答するか検討しよう。面接練習も十分に行うように。

② 筆記試験について

　一般教養は社会に出ての常識である。世の中の常識を知らない教師に教わる生徒は幸せになれるだろうか？　教員は，教員である前に一人の社会人である。社会で必要とされる常識はしっかりと身につけてほしい。教職教養は，教員としての常識である。日本の教育内容や職務遂行にあたって根拠となる法律などに触れ，実際に働く際に困らないようにおさえておこう。小論文は何回も書いて練習をすること。字数制限がある中で自分の考えをまとめるのは意外に難しい。

　教員採用試験は合格するのが難しいと言われているが，毎年一定量の人数が合格をしている。また，世の中には教員採用試験対策の書籍がたくさん出版されている。対策の仕方がしっかりと存在している証拠である。将来の自分と生徒のために，良い自己投資を行ってほしい。

（神谷　隼基）

第6章 カリキュラム／学校経営・学級経営

keywords

学習指導要領（改訂）　コンピテンシー　PISA 型学力
カリキュラム・マネジメント

はじめに

　カリキュラムは，ラテン語の「走る」を意味する「クレレ（currere）」を語源として，「走路」を意味していた。決められた走路を走るという意味から，歴史的にも教会や国家の権力によって統制された教育内容を表してきた。それゆえ，カリキュラムには，継承されるべき文化遺産や社会的要請によって決定される，公的な枠組みとしての側面がある。こうした「意図されたカリキュラム」のほかに，教師の実践や子どもの学習内容や経験の総体としてとらえる「実践されたカリキュラム」や「達成されたカリキュラム」がある。

　日本は，近代学校制度が制定された1872（明治5）年の「学制」以後，教育令などによって学校で学ぶ教科やその内容が定められてきた（第5章参照）。しかし，戦後日本のカリキュラムは，主に「学習指導要領」において示される，初等・中等教育の各教科等の目標や教育内容のことを表してきた。この学習指導要領は，社会状況や教育方針に従って約10年ごとに改訂され，教育内容や教科等に変更が加えられている。

　それでは，戦後日本の教育改革と学習指導要領の展開をたどり，どのような能力観に基づいた教育が目指されたのかを見ていこう。

69

第1節　戦後学習指導要領の変遷

1．戦後復興・民主主義を実現する教育から高度成長期の教育へ

　第二次世界大戦での敗戦以後，連合国軍総司令部（GHQ）のもとで教育改革が行われた。戦後日本の教育改革は，1946（昭和21）年に来日した米国教育使節団による『米国教育使節団報告書』を踏まえて進められ，教育基本法の制定，6－3－3－4制の学校体系，教育委員会制度，男女共学など新しい教育制度を導入し，民主主義を実現し，平和的文化的国家の建設を目指した（第5章参照）。

　新しい教育・学校制度が整備される中で，文部省（当時）は1947（昭和22）年3月に小学校と中学校の『学習指導要領（試案）』を発表した。「試案」とは，教師が教育課程を編成するために参考にする手引きであった。小・中学校で社会科，家庭科，自由研究が，中学校では職業が新設された。この試案は，生活単元学習などに見られる児童中心主義や経験主義，核となる教科とそれに関連する教科が配置された「コア・カリキュラム」の性格を有していた。1951（昭和26）年には，小・中・高の学習指導要領が改訂され，試案としての性格や経験主義が引き継がれた。高等学校は，青年に共通に必要とされる最低限度の教養を身につけることを目的として，普通教育を主とする普通科と職業教育を主とする職業科が設置された。

　1960年代は，高度経済成長を支える勤勉な日本人を育成する教育が目指された。1958（昭和33）年（小・中）および1960（昭和35）年（高）の学習指導要領の改訂は，次の3つの点でこれまでの学習指導要領とは性格が異なる。まず，この改訂から，学習指導要領は文部省の「官報」に告示されるようになり，国家基準としての性格と法的拘束力をもつようになった。そして，これまでの経験主義のカリキュラムによる学力低下に対応するために，基礎基本と理数教育の充実を図り，教科を重視した系統主義カリキュラムへと転換した。また，敗戦以後廃止された修身は，「道徳の時間」として特設された。

続く1968（昭和43）年（小），1969（昭和44）年（中），1970（昭和45）年（高）の学習指導要領の改訂では，高度経済成長の下，科学技術を支える人材の育成が求められ，算数・数学，理科の教育内容が高度化し，授業時間も内容も増加した。こうした動きは「教育内容の現代化」とよばれ，たとえば，理科では，科学概念の理解が不足しているという反省から，基礎的な科学概念の理解や科学の方法の習得が重視され，教えるべき教育内容に多くの事柄が盛り込まれた。高度経済成長の中で，親世代は自分の子どもには自分よりも良い教育を望み，学校教育に期待した。また，努力して進学や就職をすると，良い生活を送ることができるという，戦後日本の能力主義に基づく社会が形成された時代であった。

2.「ゆとり教育」の展開

1960年代に教育内容の高度化や能率化を追求した結果，授業についていけない子どもが増え，いじめや校内暴力などの教育問題が増加した。いわゆる，「詰め込み教育」の弊害が問題視され，1977（昭和52）年の学習指導要領の改訂では，小学校から高等学校までの教育に一貫性をもたせ，「ゆとりあるしかも充実した学校生活」が目指された。人間はいかにあるべきかという「人間化」の方向性が模索され，豊かな人間性や豊かな心が教育の基本方針として掲げられた。

そのために，知・徳・体の調和のとれた人間性や基礎基本を重視し，ゆとりある充実した学校生活を送るための「ゆとりの時間」が設定された。学習指導要領の基準の細かな規制は減らし，学校独自で内容を考える自由裁量を増やす大綱化が進められ，授業内容が精選されて授業時間数は大幅に削減された。小・中学校では基礎基本を重視し，高等学校では，個人の能力・適性・希望等の多様な分化に応じた教育内容の多様化も進められた。

続く1980年代には，校内・家庭内暴力や不登校が増加し，いじめ問題も深刻化した。1989（平成元）年の幼稚園教育要領と小・中・高の学習指導要領の一部改訂では，それまでのゆとり教育を継承しながら，「新しい学力観」によって，自分自身を教育する自己教育力のある子どもを育成することを目的とした。新しい

学力観とは，子どもの「関心・意欲・態度」を重視し，思考力・判断力・表現力に裏づけられた自己教育力を習得する学力観に立脚している。この自己教育力は，生涯を通して学び，たくましく生き抜くための基礎となる能力として重視された。小学校では，1・2年生の理科と社会を合わせた「生活科」を新設し，生活科を中心とした合科的な指導も目指された。また，基礎・基本の重視と併せて個性教育を推進し，中学校や高等学校での選択教科の拡大と，習熟度別指導が推進された。

　1977年の学習指導要領の改訂以後，ゆとり教育が進められたが，その「ゆとり教育」が最もセンセーショナルに取り上げられたのが，1998（平成10）年の学習指導要領の改訂であろう。「生きる力」や「総合的な学習の時間」が新たに設定され，学習内容が3割削減された。この時，算数で円周率3.14を3として教えるだとか，英語での学習英単語数は名詞を含まない100語であるという誤解も広まり，混乱を招いた。また，総合的な学習の時間は，それまでの教科の枠組みによる知識や学力に対して，教科横断的かつ課題に対応できる総合的な学力観に基づいていたが，学校現場では困惑が広がった。くわえて，1999年に刊行された『分数ができない大学生 ― 21世紀の日本が危ない』をはじめとして，学力低下論争が巻き起こった。その結果，2003年に学習指導要領が一部改訂され，「確かな学力」が提唱された。そこで，学習指導要領は「最低限の基準」であることが明確化され，学習内容のいわゆる「歯止め規定」が撤廃されたことによって，発展的な学習の指導が可能となり，個に応じた指導のための習熟度別指導や少人数指導が進められた。

　1990年代半ばからバブル経済が崩壊し，大企業や証券会社の倒産，リストラによる解雇などによって「失われた10年」ともよばれるこの時期は，年功序列から能力主義への移行や雇用体制が変化し，努力して勉強して良い学校や会社に入る，という日本型の能力主義体制が変容しはじめた頃だった。

第2節　PISA以後に求められている学力・能力

1．PISA 型学力

　学力低下が叫ばれてから，脱ゆとり教育へと舵を切った要因のひとつに，国際的な学力調査の成績低下の影響もあった。2000（平成12）年から OECD（経済協力開発機構）が実施している「PISA」とよばれる国際学習到達度調査（Programme for International Student Assessment）は，世界各国に影響を与えた。PISA では，「キー・コンピテンシー」に基づいて，義務教育終了段階の15歳の生徒を対象とした数学・読解・科学のリテラシーが測定された。

　「コンピテンシー」は，知識や技能を実生活や実社会でのさまざまな場面で直面する課題に活用できる能力を指し，OECD の DeSeCo プロジェクトは，「キー・コンピテンシー」として，「社会・文化的，技術的ツールを相互作用的に活用する能力」，「多様な集団における人間関係形成能力」，「自律的に行動する能力」の3つの領域の能力を挙げている（ライチェン＆サルガニク 2006）。それゆえ，PISA では，学校で学んだ知識や技能だけではなく，それらを活用して思考し表現する新しい能力としての「リテラシー」を調査している。

　2000年の調査では1位になったフィンランドの教育の質の高さに注目が集まり，日本でもフィンランドの教育の秘密を探ろうと多くの著書が翻訳・出版された。2003年の PISA の結果において，日本の読解力が8位から14位へ，数学が1位から6位へと順位が低下し，「PISA ショック」として日本の教育界に衝撃を与えた。この結果から，日本の子どもの読解力は上位国と差があること，自由記述問題に対して白紙が目立つこと，グラフなどから情報を読み取る力が不足していること，自分の意見を表明することが苦手であること，学習内容と日常生活を結びつけて理解していないことなどが課題として挙げられた。

　2008年の学習指導要領の改訂では，改正された教育基本法を踏まえて，「生きる力」を育むという理念の実現が目指された。そして，PISA 等の国際的な学力

第6章　カリキュラム／学校経営・学級経営　　73

調査の結果を受けて，基礎的・基本的な知識技能の習得，知識・技能の「活用」を通じた思考力・判断力・表現力等の育成，そして，主体的に「探究」する態度の育成が求められた。具体的には，言語活動の充実，理数教育の重視，小学校5・6年生で外国語活動が導入され，国語・数学・理科・外国語の授業時数が増加され，「脱ゆとり」路線へと転換した。

この背景には，21世紀が，新しい知識・情報・技術が政治・経済・文化をはじめ社会のあらゆる領域での活動の基盤として飛躍的に重要性を増す知識基盤社会であり，グローバルな時代に生き抜くためのリテラシーやコミュニケーション能力が必要であるという能力観がある（中央教育審議会「我が国の高等教育の将来像（答申）」2005年）。たとえば，PISAで測定されているのは「リテラシー」であり，幅広く適用でき，一般的に活用できる能力や複雑な要求に上手く対応する能力，すなわち，専門的な知識だけでない汎用的な能力である。複雑で不確実な時代のさまざまな課題に対応し，知識や技能を活用して問題解決をするPISA型学力と，コミュニケーション能力の高い「生きる力」をもった日本人像の育成が想定されている。

2. 資質・能力の涵養を求める社会

2017（平成29）年3月に，幼稚園教育要領と小・中・特別支援学校の学習指導要領が改訂された（2018年より幼，2020年より小，2023年より中で実施）。引き続き「生きる力」の育成が目指され，育成すべき資質・能力として，①知識・技能の習得，②思考力・判断力・表現力等の育成，③学びに向かう力・人間性等を涵養することの3つの柱が示された。改訂の主な特徴は，社会に開かれた教育課程，資質・能力を中心とする教育課程と学習評価法の再編，「主体的・対話的で深い学び」の実現，カリキュラム・マネジメントの確立である。特に，「何ができるようになるか」「何を学ぶか」「どのように学ぶか」が重視され，教師が教えるべき内容中心（コンテンツ・ベース）の教育から，子どもが身につけるべき「資質・能力」中心（コンピテンシー・ベース）の教育へと転換し，それにともなって教育

課程改革が進められることになる。

　学校教育における資質・能力の涵養については，1989年の「意欲・関心・態度」が評価の観点に加えられ，自己教育力が求められた。1998年の学習指導要領の改訂で「生きる力」が求められ，2008年および2017年の学習指導要領の改訂を通して，生きる力，豊かな心や人間性を求める傾向はより強くなっている。近年，誠実さや粘り強さや協調性などの「非認知的能力」が注目され，それらを測定する動きもみられる。

　教育社会学者である本田由紀は，『多元化する「能力」と日本社会 ― ハイパー・メリトクラシー化のなかで』において，90年代以降の日本社会では，意欲や創造性，コミュニケーション能力などの必要性をうたう「ハイパー・メリトクラシー」の言説が著しく増加していると指摘している（本田 2005：35）。ハイパー・メリトクラシーとは，本田の造語であり，コミュニケーション能力や独創力，問題解決，さらには「感じの良さ」「人間力」などの数値化・測定化できない曖昧な能力に基づく，これまでの能力主義を超えた「超能力主義」を意味している。2000年代に，「生きる力」だけでなく，「人間力」といった言葉が教育界以外の社会でも広がっている（同上：54-63）。しかし，こうした能力は，勉強したら身につくものではなく，幼い頃からの文化的・経済的，あるいは家庭環境や人間関係のなかで身につく力であり，人間の性格や人格などとも結びついている。人間性などを評価しようとするハイパー・メリトクラシーの社会では，努力すれば報われるという期待は持ちにくく，子どもを苦しい状況に追い込みかねない。今や，学校現場は「○○力」という言葉であふれている。資質・能力を重視する教育の課題について考えてみてほしい。

第3節　カリキュラム・マネジメントと学校／学級経営

1．カリキュラム・マネジメントとは何か

　2017（平成29）年の学習指導要領の改訂の顕著な特徴のひとつは，教育課程の編成と学校経営の評価と改善，すなわち，カリキュラム・マネジメントである。そもそも，カリキュラム・マネジメントは，1998年の学習指導要領の改訂において取り上げられた。特に，総合的な学習の時間の導入によって教育課程基準の大綱化・弾力化が進められ，各学校のカリキュラム編成に裁量が与えられたこと，学校の自主性・自律性が担保されるようになったこと，そして，学校評価が義務化されたことを背景として，カリキュラムの評価と改善が注目されるようになった。

　改訂された学習指導要領において，カリキュラム・マネジメントは，生徒や学

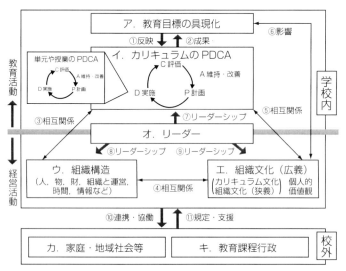

図7.1　カリキュラムマネジメント・モデル図
出所）田村知子（2014：16）

校，地域の実態を適切に把握し，①教育の目的や目標の実現に必要な教育の内容等を教科等横断的な視点で組み立てること，②教育課程の実施状況を評価してその改善を図ること，③教育課程の実施に必要な人的又は物的な体制を確保し，その改善を図ることなどを通して，教育課程に基づき組織的かつ計画的に各学校の教育活動の質の向上を図ることと示されている。そして，管理職や教務だけでなくすべての教師が，授業と学校の両方の改善のために PDCA サイクルを利用し，カリキュラムを編成していくことが求められている。

たとえば，田村知子は，カリキュラム・マネジメントのために，校務分掌・組織，教員の力量形成・研修，施設・設備，予算，時間，組織文化などを視野に入れる必要があると指摘する（田村 2014：14-16）。図7.1のカリキュラムマネジメント・モデル図のように，単元や授業といった教育活動を含んだ，教育活動のカリキュラム（教育課程）全体の PDCA サイクルを中心に据え，学校運営・経営に必要なリーダーシップや組織構造や組織文化との相互関係と，家庭や地域，そして教育行政の連携・支援が包括的にモデル化された全体像が示されている。

カリキュラムの評価や改善は必要であるし，上記のようなモデルも必要ではあるが，「PDCA サイクルを回すために」「カリキュラム・マネジメントのために」何かを行うことは本末転倒である。子どもたちの有意味な学びを保障し，教師の学びも有機的につなぐことのできる教育課程の編成のために，どのような支援や組織が必要であるかを考えることが重要である。

2．カリキュラムを編成する：教科横断的な取組み・学校間連携

教科横断的な取組みや地域との連携や協力によって，学びを深めるカリキュラムを編成することを大切にしたい。

たとえば，総合的な学習の時間を中心として，それぞれの教科をつないで教育課程を編成する方法がある。中留武昭・曽我悦子は，福岡市の学校での総合的な学習の時間を中心としたカリキュラム・マネジメントの取組みを紹介している（中留・曽我 2015）。また，田村学は『カリキュラム・マネジメント入門』におい

て，社会で求められる「知識・技能」，「思考力・判断力・表現力等」，「学びに向かう力・人間性等」からなる「資質・能力」を育成するためには，「主体的・対話的で深い学び」の実現が必要であり，アクティブ・ラーニングの視点による授業改善が求められていることを指摘する。そして，学びをつなぐ「カリキュラム・デザイン」としてカリキュラム・マネジメントをとらえ，上越市の小学校のカリキュラム・デザイン／マネジメントと学校の改善を紹介している（田村 2107）。

　カリキュラム・マネジメントの事例のひとつとして，地域との連携・協働によって資源を活用する学校間の連携を紹介しておきたい。ある中学校では，家庭・地域・小学校等との連携として，「この学校ならではの人・もの・資源を活用した授業を教師が実践すること」が目指されており，地域連携と授業改善の一環として，隣接の工業高校との連携授業を行っている。

　この連携によって，中学生は高度で特殊な設備を持つ工業高校で発展的な授業を体験し，科学や技術・工業に触れて世界を広げる経験をすることができる。これまでに技術と工業の交流授業，理科の交流授業が行われており，今後，数学の授業の連携も予定されている。この連携は，中学校においては，進路指導やキャリア教育という面でのメリットももちろんあるが，一方の高等学校においても，高校生が工業高校での授業や実習を中学生に自分の言葉で説明するよい機会となっている。また，中高それぞれの教師にとっても，中高の学びをつないだ授業研究や教材開発を行い，中等教育のカリキュラムをともに再考する機会となるだろう。

　現在，最も多く行われているのが小学校と中学校の小中連携である。小中連携においても，行事の連携だけでなく，9年間を通した義務教育のカリキュラムを地域ごとに編成する試みが中学校区の中で実践され始めている。こうした地域との連携によって，子どもの視点から教育課程と授業デザインが再考され，そのための支援や組織の在り方が問い直される必要があるだろう。

3. 学校経営としてのカリキュラム・マネジメント

　総合的な学習の時間や生活科などを中心としてカリキュラムを編成し，そのカリキュラムを評価しながらひとつの目標に向かう学校経営は理想かもしれない。しかし，最も重要なことは，それぞれの学校や教師のよさを生かしながら，子どもにとっても教師にとっても，有意味で本質的な学びが生じ，そのための学校運営や組織構築ができているかどうかである。

　たとえば，中学校や高等学校において，同じ時期に異なる教科で関連したトピックを学んでいることは少なくない。しかし，教師は生徒が他の教科で今何を学んでいるかについて知らないことがしばしばみられる。すでに試みはじめられているように，年度や学期の当初に，各学年の各教科の教育内容を1枚のシートに書き込んで可視化して見合うことによって，互いの授業で今子どもが何を学んでいるかを知ることができ，教科横断的な取組みや協働を促すきっかけとなり得る。また，実際に子どもが1年間に学んだ内容の履歴として書き込みをしたシートを残し，次年度の教育課程の編成に生かしている例もある（田村 2014）。

　カリキュラム・マネジメントだけでなく，学校の仕事は，やらなければならない／やらされていると思うと途端に窮屈で苦行のようになってしまう。それゆえ，教師が自分の成長や授業改善に努めるだけでなく，他教科や地域の活動や他の学校との協働に取組み，授業研究や協働自体を楽しむことから，カリキュラム・マネジメントを始めてもらいたい。また，学校・教師の多忙化の解消が求められる中で，管理職には子どもだけでなく教師の特性やよさを生かすための支援・組織とはどのようなものかを第一に考えた学校運営を考えてもらいたい。

おわりに

　本章では学習指導要領の変遷を中心に，国がどのような人間を育てようとしてきたかをたどってきた。現在は，学習指導要領の改訂にともない，主体的・対話的な深い学びや，カリキュラムの編成とPDCAサイクルとを結び付けた学級・学

校運営 (マネジメント) が注目を集めている。もちろん，時代によって学習内容や社会からの要求は変容するだろう。しかし，大事なことは，目の前の子どもの実態から教育活動を編成し，授業やカリキュラムの省察を通して，子どもの学びの質を高めることである。このことは，どんなに社会が変わろうと，普遍的な教師の仕事であろう。私たちは，子どもの姿を通して学ぶ「学びの専門家としての教師」を目指していかねばならない。　　　　　　　　　　　［黒田　友紀］

考えてみよう

1. あなたが生まれてから現在までの，学習指導要領の特徴についてまとめてみよう。
2. 自分の免許取得教科について，子どもの学びを深める授業や単元についてのさまざまな工夫を考えてみよう。

参考文献

岡部恒治・西村和雄・戸瀬信之 (1999)『分数ができない大学生 — 21 世紀の日本が危ない』東洋経済新報社.

田村知子 (2014)『カリキュラムマネジメント — 学力向上へのアクションプラン』(日本標準ブックレット) 日本標準.

田村学 (2017)『カリキュラム・マネジメント入門』東洋館出版社.

中留武昭・曽我悦子 (2015)『カリキュラムマネジメントの新たな挑戦』教育開発研究所.

本田由紀 (2005)『多元化する「能力」と日本社会 — ハイパー・メリトクラシー化のなかで』NTT 出版.

文部科学省中央教育審議会 (2005)「我が国の高等教育の将来像 (答申)」.

文部科学省 (2017)『中学校学習指導要領』.

ライチェン, D. S.・サルガニク, L. H. 著，立田慶裕監訳 (2006)『キー・コンピテンシー — 国際標準の学力を目指して』明石書店.

> **column**

学校評価と PDCA の難しさ

　学校教育法などで学校評価が制度化されて以来，筆者が勤務する高校でも，さまざまな取組みを行っている。主だったものだけでも，① 職員が学校を評価する。② 地域住民が学校を評価する。③ 生徒が学校を評価する。④ 保護者が学校を評価する。そして，年3回程度開催される，⑤ 学校評議員会，の5つがある。それに加えて，単発的に行われる，文部科学省や県教委からの調査，大学などが実施する調査に協力することもある。これらの中には，教育実践の改善を目的として学校独自で行っているものもあるが，学校教育法や各都道府県の条例などで法制化されている義務的な評価も多い。

　本来，学校評価とは，学校教育をよりよくするために多様な意見を取り入れ，改善していくということを前提に行われるものである。つまり，健全な PDCA サイクル (Plan-Do-Check-Action) により，学校がさまざまなアクションを起こすことで変化していき，そのサイクルが繰り返されることによって良い循環になっていけば，これほど信頼できる教育現場はない。これは，教育現場に限らず，官庁や企業などどのような組織にも当てはまることだろう。

　しかし，実際のところ，少なくとも筆者の現場感覚では，このような PDCA サイクルがうまく機能している学校は少ないように感じられる（ほかの組織でもそうかもしれないが）。言い換えれば，学校評価という名分で各種のアンケートをとること自体が目的化してしまい，それがアクションにまでつながっていないように感じられる。

　その背景として，教員の多忙化があげられる。職員に対するアンケートにおいては，事前に各分掌（進路指導部，生徒指導部など）において目標の設定をしてもらい，それについて達成されているかどうかが全職員に対してきかれることになる。しかしながら，各教職員は日々膨大な業務を抱えており，生徒に直接かかわりあいをもたない学校評価という仕事の優先順位はどうしても低くならざるをえない。同じように，管理職たる各部の長や科長，主任等が学校評価の目標設定を熟考して記入できることは少ない。その結果，前例を踏襲するということが続いてしまいがちである。

　そしてアンケートに答える側にも同じことがいえる。むしろ，管理職ではない教員のほうが生徒と直接向き合う仕事がほとんどなので，大変忙しい。そうした多忙な業務の中でアンケートにこたえることは，それ自体がストレスともなりうる。また，実際各部署のアンケートは純粋な評価よりもそれに属する職員への評

価になったりし，好き嫌いアンケートになっている可能性もある。学校においては，フェアなアンケートを取ること自体が大変難しい。

　しかしながら，アンケートや評価は有効に活用できれば，教育実践の改善につながることは間違いない。たとえば，教育実践の改善を目途として，筆者の属する高校では，教職員，生徒，保護者，地域住民に対して，以下のようなアンケートを実施したことがある。

　設問1　本校生徒は挨拶ができるようになってきている。
　設問2　本校生徒の通学マナーは良くなってきている。
　設問3　本校生徒の身だしなみは良くなってきている。
　設問4　本校の先生は規律・マナー指導を熱心に行っている。
　設問5　本校はキャリア教育（就業体験・大学企業訪問等）が充実している。
　（以下，設問15までつづく）

　たとえば，「挨拶をしているかどうか」に関していえば学校の雰囲気を評価するには非常にわかりやすいものである。ただし重要なのは，挨拶ができていないと評価された生徒を一体だれがどのように今後指導するのかである。そうでないと，生徒は一切自覚をもたないままである。指導に結びつかなければ，結局このアンケートは無意味ということになってしまう。

　したがって，評価やアンケートにおいて重要なのは，その結果を，できる範囲で正確に，また速やかに公開するということである。たとえば，職員会議などでは学校評価の結果はしっかりと時間を割いて，「この項目はこうでした」という報告はなされる。ここから，実際の教育にどのようにつながるのか。各学校や教員の力量が問われるところである。また，公立学校の場合，かならず年度ごとに人事異動が行われるが，評価→改善という流れの継続性をどのように担保するのかも課題である。校務分掌のひとつとして，評価・改善を専門に担う教職員を配置するのも，ひとつの方策かもしれない。　　　　　　　　　　　（高橋　利明）

教育環境と教育課程
― 学校の時間と空間 ―

第7章

keywords

時間割編成　教室空間　学校建築　オープンスペース

はじめに

　皆さんは「学校」と聞くと何を思い浮かべるだろうか。懐かしい校舎，教室，授業，先生…，学校に関連するさまざまな場所，人，営みを思い出すのではないだろうか。今までは生徒の立場から，こうした「学校」という場について考えていたと思うが，このテキストを学ぶことをとおして，学校や教育について，視野を広げて考える「まなざし」をもっていただきたいと思う。

　まず，本章では，学校教育の中心ともいえる教科教育という営みを，学校の環境といった外的な空間的要素，時間割の編成といった時間的要素から広くとらえてみたいと思う。近年，注目されているアクティブ・ラーニング（主体的，対話的で深い学び）や教科横断型のカリキュラムといった教育課程や教育方法と一見，距離があるように思える学校の時間的・空間的な環境との関連について，説明していくこととする。

第1節　学校と教室の「時間」

1．時間割の形式

　皆さんは，これまでの学校生活において，どのような時間割を使ってきただろ

うか。多くの場合，「1時間目・国語，2時間目・理科，3時間目・数学…」と
いった時間割だったのではないだろうか。そして，曜日ごとに教科の組み合わせ
が決まっており，年間を通じて固定した時間割を使っていくことが多かったので
はないだろうか。このように，1単位時間ごとに教科が変わる時間割の形式は，
日本の学校の時間割の標準形といっても過言ではない。

　日本の時間割には大きく括って2つの特徴がある。ひとつは，小学校では45
分，中学校および高等学校では50分が1単位時間となっており，学年や教科に
よって時間の長さに違いはなく，1時間がすべて同じ時間で区切られていること
である（渡辺 2009：86）。しかし，これは本当に教育という観点からみて効果的な
構造なのだろうか。

2．時間割編成の柔軟化

　時間割については，1998（平成10）年の学習指導要領の改訂の際の記述におい
て，義務教育における時間割編成の柔軟化が示されている。ここでは，小学校で
は1単位時間45分，中学校では50分を「常例」としたうえで，「各教科等のそれ
ぞれの授業の1単位時間は，各学校において，各教科等の年間授業時数を確保し
つつ，生徒の発達段階及び各教科等や学習活動の特質を考慮して適切に定める
ものとする」（文部科学省 1998）とされており，教科ごとの年間授業時間数を確保
できていれば，各学校で柔軟に時間割を編成できることが示されている。

　この時間割の柔軟化の背景としては，総授業時間数の削減によるものである
と指摘されている。それまでの学校の時間割編成においては，「35」という数字
が重要な基準となってきた。なぜ「35」なのかというと，夏季休暇や冬期休暇を
除くと，学校が通常授業を行うのは年間35週になるからである。たとえば，ある
教科で週1時間の授業を行うとしたら，年間35時間，週2時間だと70時間……
といった具合で計算が可能となる。これに合わせて，それまでの学習指導要領で
は，総授業時間数は概ね35で割り切れる時間数を提示していた。しかし，授業
時間数の削減によって，35で割り切れない教科が出てきたことから，文部科学省

は，これまで日本の時間割の標準形であった「1単位時間ごとに教科が変わり，曜日ごとに教科の組み合わせが決まっており，年間を通じて固定した時間割」ではない，弾力的な時間割編成を各学校に求めたのである。

　この動きも，その後の学習指導要領における授業時間の増加によって解消されつつあるが，現在では，児童・生徒の集中力の状況や授業内容によって，ほぼ週替わりで時間割編成をする自治体もみられており，たとえば，福岡市においては，市のほぼ全域の小学校において，週替わりの時間割が組まれているという（西日本新聞 2016年10月2日朝刊）。

　確かに，教科の中でも単元によっては，集中的に時間を取って学んだほうがいい内容もあるし，理科で植物の成長などを扱う場合，植物の成長に合わせて時期を選んで学ぶ必要のある場合もあるだろう。

　また，2020年から順次，施行される新・学習指導要領においては，教科横断型の授業実践やアクティブ・ラーニング（主体的・対話的で深い学び）が授業に取り入れるべき方法論の目玉となっているが，児童・生徒たちがグループワークなどを行う授業を展開するためには，これまでの45分，ないし50分の1単位時間では十分な作業や考察ができない可能性が考えらえる。このため，アクティブ・ラーニング等の学習効果を十分に生かすためにも，時間割の柔軟な編成が求められるものと考えられる。

3．さまざまな時間割編成の方法

　では，時間割編成の方法にはどのようなものがあるのだろうか。以下に例を挙げる。

① モジュール方式

　1単位時間である45分，50分という時間を15分，25分といった単位（モジュール）に分け，モジュールの組み合わせで時間割を編成する方法。たとえば，50分を25分のモジュールに分け，アクティブ・ラーニングを用いた授業を行う予定の

第7章　教育環境と教育課程 — 学校の時間と空間 —　　85

ある教科の時間は3モジュール，時間のかかる理科の実験には4モジュールをあて，時間がかからなさそうな単元を扱う数学の時間は2モジュールとした時間割表を作成し，学期末までに総授業時間数を満たすように調整する。

② テープ方式

「テープ方式」とは各教科をクラスごとに割り当てた時間割の帯（テープ）を作り，各コマに番号を振り，学校の都合に合わせて今日は1〜6，明日は全校集会があるから7〜10までというように順番に消化していくという方法である。テープ方式の利点としては，祝日が複数回ある曜日の教科の時間数が少なくなってしまうといったカレンダー上の問題が解決すること，急な学校行事や天候などの都合で休校などが発生した際にも，都合に合わせてテープ状のコマを順番にこなすことで，ある特定の教科の時間数が足りなくなるということを無くすことができる点である。

③ 集中方式

従来の時間割のように，曜日によって固定した時間割を使いつつ，たとえば，ある月の1週間を集中的に「総合的な学習の時間」のみを行う期間とし，調査や発表のための準備にあてる方法である。前述の理科における植物観察や校外学習などにも応用が可能な方法である。

このように，時間割編成の方法は，さまざまな工夫の余地が残されているものと思われる。今後，教科横断的な授業実践や各教科におけるアクティブ・ラーニング等の双方向的な授業方法が取り入れられていくにあたっては，このような時間割の工夫が必要になってくるだろう。また，各学校においては，学校内におけるカリキュラム・マネジメント（第7章にて詳述）と並行して時間割編成のあり方も議論する必要があるものと考えられる。

第2節　学校と教室の「空間」

1．現在の学校の教室空間の特徴

　続いて，学校の空間について考えてみたいと思う。皆さんは，教室と聞いてどのような空間を思い浮かべるだろうか。一般的に，日本の学校の教室は，無駄な装飾を排除した四角い部屋で，前方に黒板，黒板の前に教師がおり，生徒たちが教師と黒板のほうを向いて座るように机とイスが並んでいる，といったものである。そして，壁は隣室や廊下をしっかりと区切っており固定されている。このような見慣れた形式の教室空間は，これまで主流だった「一斉教授法」という教育方法に即した造りになっている。

　「一斉教授法」とは，同時に多くの生徒に共通の知識を効率よく伝達するために，学校が普及した近代以降に一般的になった教授法であり，一人の教師が多くの生徒たちと対面して立ち，同じ教材を用いて同じ内容を全員に対して教える方法のことである。これも私たちがよく見慣れた学校の風景のひとつでもあり，日本の学校教育においても長いこと主流の教授法として用いられているものである。一斉教授法は，単に効率よく知識を伝達することだけを目的にしているのではなく，生徒から教師や黒板が見やすい空間を実現しているのと同時に，教師から生徒を一望することを可能にすることで，生徒を監視する役割も果たしている。そして，生徒の側からも教師に見られ，評価されているという緊張感から，授業をまじめに聞くという統制機能が働いている。このように，見慣れた教室空間における見慣れた授業方法には，〈見る ― 見られる〉，〈統制する ― 統制される〉，〈評価する ― 評価される〉という教師と生徒間の権力関係が反映されている。

　さて，近年においては，学習スタイルも多様化してきており，「個に応じた指導」や「総合的な学習の時間」の導入などによって，複数の教師チームによる指導が行われる TT（Team Teaching）や生徒同士のグループワークなどのさまざまな授業形式が導入されるようになってきている。今後はますます双方向型の教

授法の実践や，各教科における教科横断的な視点をもった授業を行うことが求められている。こうした双方向型の授業においては，教室が壁で区切られ，形が固定され，机とイスを気軽に動かすことが難しい教室空間だと，多様な学習スタイルを妨げてしまうことが予想される。このように教室空間のあり方は，教育内容や教育方法と密接な関係をもっている。これから起こるであろう教育方法の変化に合わせて，教室空間のあり方も見直す必要があるのではないだろうか。

2．教育が学校建築を変える？　学校建築が教育を変える？

　1960 ～ 1970 年代のイギリス，アメリカにおいて，画一的な教育方法から脱却し，多様な学習スタイルを実現する教室空間という観点から，「壁のない教室（＝オープンスペース）」が学校建築として取り入れられるようになった。オープンスペースの空間の特徴としては，従来，壁で仕切られていた教室と廊下，隣接する教室との空間をフレキシブルに使うことができるように可動式の壁にしたり，もしくは壁自体を無くしたりするデザインを取り入れた点である。教室スペースの外には，多目的スペースが配置されることが多く，そこに図書を配置したり，調べもの用のパソコンを配置したりして，協同学習などを行う際には，教室からすぐに移動して調べ物を行うことが可能となる。机やイスも可動性の高いものとし，グループワークを行う際には，速やかに机を組み替えて子どもたちが集まることができる。

　オープンスペースの学校建築については，日本においても，1960 年代後半頃から，画一的な学校施設づくりからの脱却が試みられはじめ，1984 年には文部省（当時）が補助金をつけて普及を試み，多目的スペースへの面積補助，木材校舎の推進補助，基本設計費の補助などが開始され，制度化が進むことになった。しかし，学校建築が先走る形となってしまい，教育方法が相変わらずのクラス単位での一斉教授法で行われていた学校も多く，オープンスペースが有効利用されなかったケースも多く見られた。

　しかし，近年の双方向型の教授法へのシフトの潮流もあることから，多様な学

習場面におけるオープンスペースの利用に注目が集まり始めている。多様な学習場面とは，「資料を探す」「教師や友だちに相談する」「床面に座り作業する」「共同で製作する」など，生徒が主体的に動きながら学ぶ活動などである。

　オープンスペースの最大の可能性としては，こうしたグループ学習の際，机を自由に移動して学習活動が展開できるという点や，教材やホワイトボード，PCなどを使用する学習の際など，固定された教室内では自由に使用できない機器や教材をオープンスペース内で自由に使用できるといった点である。また，内容によっては一斉教授法で授業を行ったほうが効果的なものもあるが，その際には可動式の壁を作って，生徒が集中できる空間を作ることが可能であり，多様な学習方法に対応できる教室空間をデザインすることができる。

　一方で，オープンスペースの教室には欠点もある。プロジェクト型の学習など，アクティブな形態の学習に効果を発揮する空間デザインであるため，一斉授業中心の中学校高学年から高等学校では十分に使用されていないケースが多く見られている。また，小学校でオープンスペースを使用する際に，教室スペースと隣接するスペースとの区切りがないことから，児童の集中力が散漫となり，

図 7.1　オープンスペースの教室平面図（福井県小浜市立小浜美郷小学校）
出所）小浜美郷小学校平面図（実施図面）（小浜市）より抜粋。

「学級崩壊」状態になってしまうこともあるため，クラスの雰囲気や児童生徒の状況を見極めて適切に使用する必要があるだろう。

いずれにしても，教育内容・教育方法と教室空間の使い方をよく擦り合わせることが重要であり，教師が空間の利点を十分に生かした授業設計をする必要性がある。

おわりに

教育課程（教育内容）は，時間，空間のデザインによって，効果が大きく変わる可能性をもっている。教育課程をより有効に機能させるためには，教育内容に合わせた教育方法，時間割，教室空間など，教育を取り巻く時間，空間，ヒト，モノ等をトータルでデザインする必要がある。今後，学校教育に取り入れられていく「アクティブ・ラーニング」（主体的・対話的で深い学び）についても，教育目標，教育内容，教育方法（アクティブ・ラーニング），教育評価も含め，トータルでデザインする必要があるだろう。

これからも時代の要請に合わせて，教育課程は刻々と変わっていくだろう。こうした教育の変化に合わせて，学校の時間と空間も変えていくことが必要となってくる。とりわけ，教室空間については，教育に直接携わる教員と建築の専門家が連携し，教育内容や実践に必要な視点，現場の事情などを取り入れた空間デザインを行うことが必要である。

このように，教育にかかわるのは教員だけの仕事ではない。こうした教育内容の変化や生徒の状態に合わせた学校建築や空間デザイン，今後，導入が急速に進むであろう ICT 教育への情報通信技術の導入，災害から児童・生徒を守る土木工学の視点の必要性，持続可能な社会を目指す環境保全の視点等々，一見，教育とは無縁に思える分野の知識・技術を集結することが，変化の速い現代社会における学校教育には必要不可欠である。教員を目指す人はもちろんのこと，理系分野を学びつつ，教育についても学ぶ機会をもった学生の皆さんの中には，この両方の視点をもつことができる人もいるだろう。ぜひ，教育の論理と技術開発の橋

渡しするセンスを育ててほしい。 ［谷田川 ルミ］

考えてみよう

1. 日本の従来の時間割（時間ごとに教科が決まっており，年間を通じて固定されているもの）は，現代の教育において効果的な構造となっているだろうか。もし，なっていないとしたら，その理由と解決策についても考えてみよう。
2. 現在の日本の学校の多くはオープンスペースではない教室がほとんどであると思われる。こうした普通教室を用いてアクティブ・ラーニングのような双方向型の授業を行う場合，どのような工夫をすればいいだろうか。考えてみよう。

参考文献

小浜市 (2015)「小浜美郷小学校平面図（実施図面）」小浜市教育委員会.

社団法人 東京自治研究センター 学校施設研究会編，長澤悟監修 (2008)『現代学校建築集成 安全・快適な学校づくり』学事出版.

西日本新聞「教育はいま 時間割 (1) 週替わり なぜこんなに変わる」2016 年 10 月 2 日朝刊.

文部科学省 (1998)「中学校学習指導要領（平成 10 年 12 月）」.

渡辺貴裕 (2009)「時間割」田中耕治編『教育課程』ミネルヴァ書房，86-87 頁.

column

プログラミングと小学校教育について

　人工知能やIoT (Internet of Things) の技術を基盤としたより高度に発達した情報社会が到来しようとしている。21世紀を生きる子どもたちにとって，コンピュータや情報通信ネットワークを活用するICT (Information and Communication Technology) の習熟は必要不可欠である。

　欧米諸国，韓国やシンガポール，インドなどICTの先進国では，初等中等教育におけるプログラミング教育はすでに実施されている。日本のプログラミング教育は，高等学校の工業科や商業科等の専門学科では，1970年代から情報処理のスペシャリストを育成する産業教育として行われてきた。1999年の高等学校学習指導要領改訂で情報科が新設され，2003年度からは普通教育においても選択必修で情報科の授業が開始された。そして，情報の科学的な理解を中心とした科目では，プログラミングに関する授業が実施されるようになった。また，中学校においては，2012年度から技術・家庭科の技術分野で「プログラムによる計測・制御」に関する教育が必修で行われるようになった。

　2016年6月，文部科学省から「小学校段階におけるプログラミング教育の在り方について(議論の取りまとめ)」が公表された。この議論の取りまとめでは，コンピュータに意図した処理を行うよう指示することができるプログラミングを体験させることの意義を示すとともに，小学校段階でのプログラミング教育においては，コーディング(プログラミング言語を用いた記述方法)の習熟より，プログラミング的思考の育成を求めている。そして，このプログラミング的思考を，「自分が意図する一連の活動を実現するために，どのような動きの組合せが必要であり，一つ一つの動きに対応した記号を，どのように組み合わせたらいいのか，記号の組合せをどのように改善していけば，より意図した活動に近づくのか，といったことを論理的に考えていく力」と定義している。

　2017年3月に改訂された小学校学習指導要領では，算数，理科，総合的な学習の時間の内容の取扱いにおいて，プログラミングを体験しながら論理的思考力(プログラミング的思考力)を身に付けるための学習活動を行うよう記載されている。このプログラミング教育の実施に向けては，授業環境の整備，教材や指導方法の開発，教員研修が求められている。　　　　　　　　　　　　(西野　和典)

第8章 学校文化・教師文化・生徒文化

keywords

家庭と学校の違い　　隠れたカリキュラム　　学校格差
教師のタイプ　　生徒文化

はじめに

　学校の中心に教師と生徒がいる。教師と生徒の関係の中で，またそれを取り巻く社会環境の中で教育が進行する。そこには，多くのドラマがある。その実態と隠れた意味を解明する。

第1節　学校という場

　私たちが，毎日通っている学校という場の存在やそこで行われているさまざまなことは，当たり前すぎて，疑問をもつことはほとんどない。しかし，子どもたちが学校に通うようになったのは近代の社会（日本では明治時代）になってからであり，現代では，学校に行かずに家庭で学ぶホームスクーリングという学びの形を選択することが許される国（アメリカ，カナダ等）もあり，学校という場が，学ぶための絶対的なものとはいえなくなってきている。学校の特質をいろいろな側面から考えてみよう。

1．学校の構成要素

　学校教育の中心は，毎日の授業にある。その授業は，教室で教師が生徒に対して教科書を使い，教えるという形で展開されることが多い。

　生徒たちは，教室で教師から知識を伝達され実技の指導を受けるだけでなく，学校内の友達との関係や集団・組織・文化のさまざまな側面から学んでいる。たとえ生徒自身に学んでいるという自覚がなくても，自然に影響される面が多くある。

　学校教育は4つの構成要素から形成される。Aカリキュラム（教科書），B教師，C生徒，D学習の場（教室，学校）である。それらの要素がいろいろな形で組み合わさり，生徒に影響を及ぼしている。

　この4要素すべて揃った学校教育の中核が授業ということになるが，それ以外の場でも学習が行われている。たとえば，生徒が自分で教科書を読んで学ぶ場合（AC），授業以外の場での教師と生徒の関係（BC），さらに生徒同士の関係（C），教室にいるということ自体（D）からの影響（学び）もある。

　このように，教科書の内容，教師という存在，生徒同士の関係，そして学習の場という4つ，さらにそれぞれの組み合わせから生徒たちは何を学び，どのように影響を受けているのかを知ることはとても重要なことである。そこに，現代の学校や教師特有の問題や生徒たちの適応の問題等があれば，それを正していかなくてはならない。

2．家庭と学校の違い

　家庭と学校の違いを考えてみよう。第1に，家庭では，子どもの性別や出生順位など属性が重視した子育てやしつけが行われることが多い（属性主義）。「女の子だからお行儀よくしなさい」「お兄さんなのだから我慢しなさい」等。それに対して学校では，子どもの属性に関係なく，「よい成績をとることができる」とか，「先生の言いつけを守ることができる」のかといったできることやすること

が評価される（業績主義）。第2に，家庭では，その家の子どもだからということで，子どもはかわいがられ，特別の配慮がなされる（個別主義）。それに対して学校ではすべての生徒が，公平平等に扱われる。性別，出生順位，貧富の差など考慮されることなく，良いことは良く，悪いことは悪いとされる。教師が特定の子どもをえこひいきすることは最も非難される（普遍主義）。第3に，家庭では感じたこと思ったことをそのまま表したり，怒りや悲しみを自由に表現できたが（感情性），学校では感情を抑え，怒りも爆発させず理性的にふるまうことが奨励される（感情的中立性）。第4に家庭ではテレビを見ながら食事をしたり，音楽を聴きながら勉強したりできたが（拡散性），学校では国語の時間には国語の勉強以外のことはできないように，一時に一つのことをする（限定性）。第5に，親との関係は一生続き，親は他の人に替わってもらえないかけがいのない存在である（機能的代替不可）。それに対して先生は学年や教科で替わり優秀な人がいればその人と取り換え可能な存在である（機能的代替）。

　このような家庭とははたらく原理が違う学校という場で，子どもたちは1日のうちの多くの時間を過ごし，卒業後に出て行く社会の規範や原理を学んでいる。

3．隠れたカリキュラム

　学校には明示されたカリキュラムとは別に，明示されていないけれど，学校で生活することで児童生徒が自然と身につけるものがある。ジャクソン（Jackson, W. P.）は，それを「隠れたカリキュラム」とよんだ（Jackson 1968）。それは，たとえば教師の態度や言動によって，その場の空気（雰囲気）として感じられるものでもある。児童生徒はいじめを許さない雰囲気のある学級で生活することで，いじめを許容しない態度を身につける。教師の男女平等の説諭からではなく，男女が平等に扱われる学級で生活することによって，男女平等意識を身につけることができる。

　それらは社会に出てからの必要な態度に結びついている。クラブ活動で先輩に敬意を払うことは，将来職場で上司に従う態度を養う。学校の校則を守ること

は，将来社会の法律を守ることにつながる。学校に遅刻しないことは社会での時間厳守の習慣をつくる。興味のない授業に耐えられれば，将来社会の中での退屈な仕事にも耐えられる。勉強やスポーツの競争は，社会でのさまざまな競争に勝つ力をつける。学校での努力は，社会に出てからの頑張りに繋がる。学校で男女が平等に扱われることは，社会での男女平等意識を形作る。

このように，学校には，児童・生徒が将来出て行く社会で必要な能力や態度を身につけるように，いろいろな仕掛けが用意されている。

その中には，時代遅れなもの，一部の人だけに都合のいいものなども含まれており，その吟味，改善も必要である。

4．学校の組織的特質

（1）官僚制的特質

現代の学校は，官庁や会社と同じように，合理的，効率的，公平に運営されるようになっている。学校は，教育の目標を達成するために，効率的にまた誰に対しても平等，公平になるように組織がつくられている。

その組織化の究極な形が，官僚制である。官僚制では，規則により誰に対しても同じように扱い（標準化），その扱い方は法令や規則のように文章で書かれていて（文書化），仕事内容により人は専門ごとに分かれ（専門分化），指揮系統も上から下へとはっきりしている（権限の階層化）。

現代の学校は，① 校長 ―（副校長）― 教頭 ―（主幹）― 主任といった権限の階梯をもち，② 一定の専門的訓練（教員養成）や試験（教員採用試験）を受け，③ 教科担任制，校務分掌など分業化して職務を遂行している。

児童生徒たちも，① 教科書，時間割，成績評価も標準化され，② 校則，規則により行動や服装が画一化され，③ 学年制により年齢で区分され，④ 習熟度別編成や学校格差のように能力により分けられている（柴野 1992：76-82）。

（2）非官僚的特質

しかし，学校は官庁や会社などの他の組織とは違い，官僚制の程度は低い。つまり，① 職位の階梯は少ない（教諭が多い）。教育委員会や校長など上からの権限も強権ではなく，一般教員の意見が尊重される（実質的なことは職員会議で決め，それを校長が認める場合もある）。② 教員の分業の程度は少ない。小学校では，担任がほぼ全部の教科を一人で教える。教員は教科指導だけでなく生徒指導や部活動の指導も行う。③ 教師 — 生徒関係は，一定の距離はあるが，教師は人間性にあふれてこそ教育的といえ，教師は生徒の相談相手になることが奨励されている。④ 学級王国とも言われ，学級（授業）の中では教師の裁量に任される部分が多い。教師は専門職として，独自の専門的判断を下す力が十分にあり，自律性をもっている。

（3）教育目標のあいまいさ

さらに，学校の教育目標は，「がんばる子」「努力する子」「明るい子」「助け合う心」「生きる力」などあいまいで，その教育目標を達成する手段も確立しているわけではない。そこで，学校の各部分（部署）は緩やかに連結して，儀礼的に人々の信頼を獲得し（教員の高い学歴，教育免許状，難しい教員採用試験などが信頼の証になる）教育を遂行している。しかし，近年このあいまいさを払底し，合理化，標準化，実質化を図ろうとする学校改革が強まっている（「全国学力テスト」「教員評価」「チームとしての学校」等）。

第2節　教師文化

1．現代教師の役割

学校の教師は，私的な塾やお稽古の教師などとは違い，公（国家）が認定した教員資格であり，公（国家）の定める法律（憲法，教育基本法，学校教育法，他）に

第8章　学校文化・教師文化・生徒文化　　97

基づいた職務行動が要求される。したがって，教職に関連するこれらの法規に関する理解が求められる。

教師（教職に就く多くの人）は，学校という公の組織に属し，その組織の規則に従い行動することが期待される。したがって，教育委員会の仕組みや管理職の権限，校務分掌などの学校組織の特質を理解しておくことが必要である。

また，学校組織の中で，組織人として生きる人間関係能力も養う必要がある。

教員の児童・生徒に対する指導には，大きく教科指導と生徒指導の2つがある。前者のために，教師は各教科の知識と指導法を身につけ，児童・生徒が各教科を十分に学べるような学識を身につけなければならない。

また後者の生徒指導のために，教師は社会性を身につけ，常識ある行動をとる必要がある。教師は児童・生徒の模範となり，児童生徒の社会化に寄与するような人格，行動様式，教育技術（話し方，コミュニケーション力など）を身につけなければならない。教師の知識量や人間性によって，実際の教育や指導が違ってくる。教師の力量や人柄が問われる所以である。

社会や技術が大きく変化していく現代にあっては，大学で学んだ知識や技術はすぐ古くなり，また現在の教育現場で通用している考え方や方法は将来もそのままとは限らず，その時代にあった新しいものが求められる。

2．教師の学び

教員採用試験に受かり教職に就けば，後は自動的に教師としての仕事が遂行できるわけではない。教師は学び続け，知識や技術の向上を目指さなければならない。そのために教師には，研修制度が公に用意されている。自己研修も大事である。

教師を描いた文芸作品やマンガなど，そこから学べることも多くある。教師の隠れた側面やホンネ部分を暴露し，教師とは何かを，根底から考える材料になるだろう（「二十四の瞳」「ハレンチ学園」「GTO」他）。

外国の教育や教師のあり方，あるいは教育方法を知り，日本のそれと比較する

ことも，教育や教師に関する知識や知見を深めることになる（比較教育的視点，第4章参照）。

また，現代のグローバル化した社会においては，教育の国際化，異文化間接触が進んでいる。多文化教育，異文化間教育の視点を学び，海外子女問題，帰国子女問題，外国籍の子どもの教育などに対処する必要もある。

情報化社会の中で，情報機器の適切な取り扱いのできる教師もまた求められている。デジタル教科書，インターネット等の取り扱いが問われている。

学校は地域社会の中にあって，地域の人々や児童・生徒の親との関係も大切である。「モンスターペアレンツ」の出現に対しては，適切な知識と技術をもって対処する必要がある。

教育は，政治，経済，社会，文化，科学などさまざまな分野と密接な関係がある。教育とそれらの分野との関係を日頃から学び，視野を広げることは教師として必要である。このように，教職には，幅広い知識と技術と実践力が要求される。実力のある教師の広い視野から児童・生徒はよく学び，社会化される。

3. 教師の意識

実際学校の教師はどのような意識をもっているのであろうか。ここでは高校教師のデータを見てみよう（中央教育研究所 2018）。

教師になろうと考えたのは，「高校生の時」は3割で，「大学に入ってから」が一番多い（36.9％）。出身の大学は教員養成系が27.1％，非教員養成系が72.8％と後者が7割と多い。

教員になるまでに「他の職業に就いたことのある」人は15.3％，教員になってから「転職を考えたことがある」人は28.0％いる。

高校教員になった理由の上位（とても＋ややの割合）3つは，「生徒とのふれあいをしたい」（85.7％），「安定した収入がある」（74.2％），「専門分野の研究を続けたい」（65.7％）である。

高校教師の仕事は，「精神的に気苦労の多い仕事」（「とてもそう思う」64.7％），

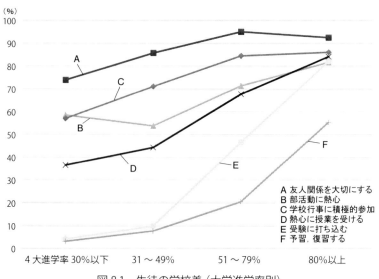

図 8.1 生徒の学校差（大学進学率別）
出所）中央教育研究所（2018）での調査結果より筆者作成。

「生徒と接する喜びのある仕事」（同54.5％），「とても多忙な仕事」（同51.8％），「体力がいる仕事」（同50.1％），「専門に関して高度な知識が必要」（同38.9％），と思っている。多忙感を聞くと，「とても忙しい」37.0％，「かなり忙しい」56.2％と9割以上が多忙感をいだいている。

　高校は義務教育ではなく入学者選抜があるため，各高校に入学してくる生徒の学力や特質は一様ではない。図8.1は，勤務している高校にどのような生徒がいるかを教員に聞いて，それを高校の格差（4年制大学進学率による）別にみたものである。

　生徒の特質に学校格差があることがわかる。「授業の予習，復習をする生徒」「熱心に授業を受ける生徒」「受験に打ち込む生徒」などは，進学校にきわめて多く，非進学校に少ない。「部活動に熱心」や「学校行事に積極的に参加」にも差がある。

　進学校では，受験を意識した授業が展開されることが多いが，非進学校では，「生徒に人気のマンガや音楽を話題にする」「ノートの取り方を指導する」など勉

強から離れがちな生徒を何とかひきつけ学習に向かわせようと努力をする教師が多い。

また生徒との関係でも，進学校の教師は授業中心でよいが，非進学校の教師は「自分の方から生徒に声をかける」「生徒と廊下や職員室で話しをする」「生徒と一緒に掃除をする」などが多く，生徒との距離は近い。さらに進学校の教師より非進学校の教師の方が，生徒の家族構成，出身中学，通学方法，友人・友人グループ，部活動，アルバイト，成績など，個人情報を熟知している。それらの情報に基づく，生徒に対する個別対応が求められるからである。

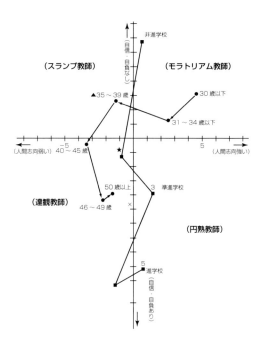

図 8.2　教師のタイプ

また高校教師を対象にした調査から，高校教師の4タイプを見出すことができる（図8.2，深谷他 1983：94-101）。「モラトリアム教師」（生徒好きだが，教師としての自覚や自信がない），「スランプ教師」（生徒との関係にわずらわしさを感じ，教師という仕事の限界に突き当たっている），「達観教師」（生徒との距離はあるが，そつなく授業や生徒指導をこなし，役職にもつき自信を高めている），「円熟教師」（生徒に愛情を持ち，教師の仕事にやりがいも感じている）の4タイプである。

20歳代～30歳代前半「モラトリアム教師」，30歳代後半「スランプ教師」，40歳代「達観教師」，50歳代「円熟教師」へ，年齢とともに移り変わる傾向も，データから読み取れる。

また，非進学校には「モラトリアム教師」と「スランプ教師」が多く，高校に

は「達観教師」と「円熟教師」が多いという学校格差もある。

　教師は，いつまでも生徒への愛情と教師としての自信・自負を失わないように努力したい。

第3節　生徒文化

1．青年期の発見

　子ども期や青年期は近代になってから発見されたといわれる。前近代の時代は，子どもや青年は小さな大人とみなされ，労働も課されたし，服装も大人と変わらなかった（第2章参照）。

　18世紀の西欧社会において，青年という概念が浸透し，青年期が特別な時期として大人期と区別されるようになった。欧米の19世紀から20世紀の初めにかけて，学校教育が青年の学習と生活の場として制度化され，青少年は法制的に大人と違う処遇を受けるようになった。

　そして20世紀の前半は，工業化，都市化が進行し，中等教育への進学率が上がり，青年期を多くの者が享受するようになった。1950年代以降は高等教育の大衆化，大衆消費社会の出現，都市化と情報化の進行により，青年期の長期化と常態化が進行した。

　このようにして出現した青年期は，そして現代社会における青年期の特徴は，伝統社会のそれと著しく異なり，学校（中等教育や高等教育）とのかかわりが大きい。

　伝統社会においては，子どもや青年は，地域とのつながりが大きく，地域社会の伝統行事や地域の産業（主に農業）とのかかわりの中で成長していった。地域では若者組や娘組が組織され，伝統を守りながら同年代の文化も形成され，青年はそこから伝統の多くを学び成長していった。

2．生徒文化の出現

　高校進学率の上昇とともに，青年たちは学校という文化孤島で過ごすように
なり，青年の地域との関係は薄れた。そして学校の中に生徒たちの独自の文化＝
生徒文化が生まれるようになった。

　生徒たちは，同世代で，学校の中で長い時間を過ごすようになり，自ずとその
相互作用から，大人や教師たちが望む行動様式や文化とは違うものが形成され
るようになっていった。

　高校調査のデータで，生徒文化の分化をみると，「勉強型」(学校や先生に親しみ
を感じ，授業に満足し，家での勉強時間は長い)，「遊び型」(友達が多く，勉強より部
活動に打ちこんでいる)，「逸脱型」(学校の規則や教師に対する反発があり，反抗的)，
「孤立型」(学校，クラス，友達に馴染めず，孤立している) の4つに分かれる (武内
2014：141)。

　進学校と非進学校でその分布は大きく違っている。進学校には，「勉強型」と
「遊び型」の生徒が多く「逸脱型」の生徒は少なく，逆に非進学校には「逸脱型」
の生徒が多く「勉強型」の生徒が少なくなっていた。

　上記は，受験競争が過熱していた時代の高校生の生徒文化の様相である。その
後の経済不況の中で，終身雇用，学歴偏重は薄まる中で，進学や受験への過熱は
冷めつつある。大学の有名度などより，将来の職業や仕事を考えた大学・学部選
びになっている。受験をゲームと考えたり，自分との戦いと考える生徒もいる。

　現在は，生徒文化も多様化している。多様化の中にも序列は存在し，「スクー
ルカースト」といわれる生徒文化間の威信の上下もある。また生徒は一つの生徒
文化の型に染まることなく，いくつかの行動規範を場面によって使い分け，教室
での生き残りをはかる戦略をとるようになっている。

　生徒文化の実態から，学校や教師の指導のあり方を考えることも大切である。

第8章　学校文化・教師文化・生徒文化　　103

おわりに

　学校の特質，教師の特質，生徒文化の特質，そしてそれらの関係から教育の現実や隠れた機能（意味）を把握し，それらに対処していくことが大切である。

［武内 清］

考えてみよう

1．学校外では許されて，学校では許可されないことは何だろうか。

2．教師という職業は，他の職業と何が違うだろうか。

3．学校でみられた生徒特有の行動様式（生徒文化）の例をあげてみよう。

参考文献

木原孝博他編（1993）『学校文化の社会学』福村出版．

柴野昌山他編（1992）『教育社会学』有斐閣．

武内清（2014）『学生文化・生徒文化の社会学』ハーベスト社．

中央教育研究所（2018）『高校教員の教育観とこれからの高校教育』（近刊）．

深谷昌志他（1983）『モノグラフ高校生 '83』vol.10，福武書店．

Jackson, P. W. (1968) *Life in classrooms*, New York：Holt, Rinehart and Winston.

column

学校生活の国際比較

　海外の学校を訪問すると，日本では見られない光景を見ることがある。

　インド洋に浮かぶサンゴ礁の島々からなるモルディブ共和国の学校では，教室の外廊下に児童生徒たちの下履きの靴が整然と並んでいる。教室内では上履きか靴下で過ごす。つまり，靴を履き替えるのは教室の出入り口である。靴を履き替える習慣があるのは日本と共通だが，建物全体を上履きエリアにする日本と教室のみとするモルディブの違いがある。タイやラオスなどの東南アジアでも教室に入るときに靴を脱ぐ。

　また，モルディブの首都マーレの学校では，教室の壁に2枚の紐付きカードがぶら下げられている。これは，授業中にトイレに行く生徒が，教員の許可を得て教室外に出る際に首から提げるものである。つまり，授業中に児童生徒がトイレに行くことが前提とされており，クラスから同時に2人までとされているのである。校時表を見ると，各時限の間には隙間がない。ある小学校では，午前7時から7時40分までが1時間目で，2時間目は7時40分から8時20分までとなっている。なお，3時間目が9時に終わると10時まで休みとなっていて，いったん帰宅して朝食を摂るそうである。早朝から漁に出る親が帰宅して食事を摂る時間に合わせているらしい。

　実は，時限の間に5分休みが設けられているのは日本の学校の特徴ともいえる。タイの学校で，「日本では休み時間にトイレを済ませるように指導されていますが，休み時間がないタイではどうしているのですか」と尋ねたところ，「人間は，したいときにしかしないものです。子どもたちはしたくなったらトイレに行きます」とのことであった。「日本の子どもはどうして休み時間にしたくなれるのですか」と逆に不思議がられた。「自然の摂理に反する規範を強要する日本の学校」というのが，国際比較の結果，浮かびあがる日本の特徴といえるだろう。

　ちなみに，校時表では隙間がなくても，前の時間が5分ほど早く終わり，次の時間が5分ほど遅れて始まることが，モルディブでは一般的なようで，教員にも子どもたちにも慌てる様子はない。チャイムに合わせて号令をかける光景も日本の特徴といえるだろう。

(森下　稔)

| 第9章 | # キャリアと学校 |

keywords

進路指導　キャリア教育　高校生の就職活動
多様な進路

はじめに

この章では，学校卒業後のキャリアと学校教育との関係について考える。

皆さんは，学校で学ぶことが将来何の役に立つのかと疑問に思った経験はあるだろうか。将来，もし教職に就いたら，同じような疑問をもつ生徒からあなたの見解を求められるかもしれない。そのとき，あなたは教員としてどのように答えればいいのだろうか。

また，キャリアと教育との関係をめぐって，教員を目指す人には是非知っておいて欲しい話を3点取り上げる。それは，キャリア教育，高校生の就職活動，高校中退と高卒後の多様な進路である。

第1節　学校教育は役に立つのか

1．教科の勉強は役に立つのか

教職に就いて，生徒から「数学を勉強することは将来何の役に立つのか」と質問されたとしよう。皆さんだったらなんと答えるだろうか。「役に立たない」とひそかに思っている人もいるかもしれないが，教員という立場上そのような回答

をするわけにもいかない。自身の経験を振り返り、役に立ちそうな可能性を探してみよう。その生徒を説得できるかどうかは別として、役に立つ場面として考えられる代表的なものは、次の2つの話ではないだろうか。

第1に、大学での授業や将来の職業生活において数学で勉強した知識が生かされるというものである。理系の皆さんにとっては、おそらく一番思いつきやすくて、納得しやすいだろう。高校までに学んだ数学の知識が無ければ、大学での授業についていくのは難しいはずだ。また、「アクチュアリー」という職業を聞いたことのある人は、数学が実社会で活用される場面を具体的にイメージできると思う。また、最近は「ビッグデータ」や「エビデンス」という言葉が流行していることからもわかるとおり、相手を説得するのに数字で表現された根拠を示すことが社会で広く重要になってきている。どういう数字を導き出すかには、数学的知識が欠かせない。

第2に考えられるのは、数学の知識そのものではなく、数学で要求される抽象的・論理的思考を身につけることが役に立つという話である。第1の話は、文系に進学を予定している人にとってはやや納得しにくい話かもしれない。文系の授業では数学なんか出てこないはずだとか、アクチュアリーのような数学の知識を要求される職業には就くつもりはないと思われてしまうと、説得力を失ってしまう。ところが、抽象的・論理的思考は、文理を問わず、またあらゆる職業はもちろんのこと日常生活においてさえも必要な能力なので、文系に進学予定の生徒に対しても説得力は高いはずだ。

ここでは教科の例として数学を取り上げたが、理科や情報など他教科の免許を取る人は、それぞれ自分が取得する教科についても考えてみて欲しい。

2. 教科以外で学ぶこと

次に、生徒が「学校に通うことは将来何の役に立つのか」と尋ねてきたとしよう。教科の勉強ではなく、そもそも学校に通うということ自体に疑問を感じている生徒は少なくない。皆さんだったらどう答えるだろうか。答え方はさまざまあ

り得るが，一つ容易に思いつくのは，数学のような教科の学習が役に立つという
ものである。この場合は前項と同じ話をすることになるが，納得してもらえない
ときは第2の矢を放たねばならない。たとえば次のような話をすることが可能性
として考えられる。

　第1に，教科以外に学校生活で学んだり身につけたりしたことが役に立つの
では，という話である。部活動のような課外活動が，その代表例だ。野球やサッ
カー，楽器の演奏など，部活動で取り組んで身につけたことが趣味や特技とな
り，その後の人生を豊かにしてくれるかもしれない。また，教育課程内での取組
み，たとえば道徳などを通じて学ぶ規範意識や倫理観，特別活動などを通じて学
ぶ望ましい集団活動のあり方などが，社会に出てから役に立つこともあるかもし
れない。学校教育は，教科以外にも多くの時間を割いてさまざまなことを学ぶ機
会を提供している。それらを通じて身につけたことが将来役に立つ可能性は十
分にある。

　第2に，隠れたカリキュラムに類することである。詳しくは第8章で説明がな
されているので参考にして欲しいのだが，たとえば「学校に遅刻しない習慣は，
社会での時間厳守の態度を形成する」とか「退屈な授業に堪えることは社会での
退屈な仕事に堪える態度を養う」といったことが，学校生活の中で起こりうる
（高野・武内編 2016）。やや皮肉っぽい社会学的な観点で，言われてみて初めて気
づくようなことなので，生徒がすぐに理解できるとは限らない。ただ，いま目に
見えていることや気づいていること以外にも学校に通うことにはさまざまな意
義が隠れている，と生徒に気づかせて考え直させるにはよい例ではないだろう
か。

3．卒業証書のもつ意味

　学校教育は役に立つのかという問いに対して，前項までで述べたことをまとめ
ていえば，何かを学んだり身につけたりするからというのが回答であった。学校
教育を通じて生徒に伝わる知識やスキルと，社会生活や職業生活において実際

に必要とされる知識やスキルとの間には，なにがしかの関連性（レリバンス）が存在するという立場に立った考え方である。役に立つかどうかは，関連性が高いかどうかにかかっている。高ければ，学校教育は役に立つということになるだろう。

しかし，学校教育が役に立つのはまた別の観点からも説明しうる。その一例が，学校の卒業証書である。学校生活を通じて実際にスキルや知識を身につけたかどうかはともかくとして，学校を卒業すること自体にその後のキャリアを左右する影響力がある。たとえば，国家公務員採用試験の高卒程度試験では，高校を卒業していることが受験条件としてあげられている。高校を卒業していない場合，国家公務員としてのキャリアを希望しても，その実現には時間と困難がともなうことになる。

学校を卒業することにはこのような意味があるので，高校では中退防止のための生徒指導が熱心に行われる。卒業しないと，その後のキャリアが狭められてしまうからだ。高校中退の問題については，あとの節で再度議論しよう。

第2節　進路指導とキャリア教育

1．進路指導の多様性

学校で学び卒業することにさまざまな意味があることを前節で説明してきたが，生徒をただ単に卒業させるだけでなく，卒業後のキャリアについても何らかの面倒を見ようというのが，これから述べる進路指導とキャリア教育である。特に進路指導は，生徒の進路選択を円滑に進めるという意味で，学校教育が役に立っていることの一つと言ってもいいだろう。

ところで皆さんは，進路指導を学校で受けたことがあるかどうか，yes または no で答えることができるだろうか。ひょっとすると，no と答えた人がいるかもしれない。「時間割に進路指導なんてコマはなかったし，文化祭や体育祭はあっ

第9章　キャリアと学校　　109

たけど進路指導なんて行事はなかった。しかも，どこの高校・大学に進学するかは教員に相談することなく全部自分で考えて決めた。」ということであれば，noであっても不思議ではない。

　反対に，回答は yes で，しかも進路指導には苦々しい思い出しかない人もいるだろう。確かに進路指導の時間はあって，教員と進路について相談したが，自分のやりたいことなどはきちんと聞いてもらえず，あなたの成績に見合うのはここだという理由だけでさほど行きたくもない高校や大学への進学を勧められた，という嫌な経験をもっている人もいるかもしれない。

　実際のところ，進路指導がどのように行われるかは学校によってさまざまなので，どちらのケースもありうる話である。皆さんには，上記の例にあてはまらない皆さんなりの経験があるはずだ。一つ言えるのは，no と回答した人でも，実は気づかないところで進路指導を受けていた可能性があるかもしれないということである。この問題は，進路指導がどういう指導なのかということと大きく関連している。

2．学校教育における進路指導の位置づけ

　進路指導には 2 つの大きな特徴がある。一つは，学校教育全体を通じて行われるという点だ。これは，数学や理科のように時間割の中に「進路指導」というコマがあるわけではなく，文化祭や体育祭のように行事として「進路指導」があるわけでもないが，教育課程の内外を通じ学校教育のあらゆる場面において進路指導を行う必要がある，ということを意味する。たとえば，ホームルーム活動で大学進学の話題が取り上げられたり，日々の授業の中でさりげなく大学入試に関する情報が取り上げられたり，旅行・集団宿泊的行事の一環として大学のオープンキャンパスに参加することが求められたりする。これらは，進路指導だと明示されなかったかもしれない。そのため，「進路指導」なんて時間はなかったと思ってしまいがちだが，間違いなく進路指導の一環として行われているものだ。

　もう一つの特徴は，キャリアの空白を避けるように指導するという点だ。キャ

リアの空白とは，進学も就職もしていない状態を意味する。キャリアの空白が生じると，それが知識の吸収やスキルを向上させる機会を失うことにつながったり，場合によっては非行につながったりする可能性が高くなると考えられていて，そのため教員は生徒がそうなることをなるべく避けようと指導する。

　ただ，キャリアの空白を作らないようにするために，時には問題のある指導をしてしまうこともある。次の進路先をなんとしても決めるために，生徒の希望を十分に踏まえず勧めてしまうような場合だ。成績に見合うという理由だけで受験する高校や大学を指導するのはこのケースにあてはまる。ただ，教員が学力を主たる基準にして進路先を勧めるのには，それなりに理由もある。学力に見合った学校を目指せば，入試で不合格になったり，入学後に授業についていけず中退してしまったりするリスクを低減でき，キャリアの空白を回避できるからだ。とはいえ，それが不本意進学になってしまってはかえってキャリアの空白を生み出すリスクにもなりかねない。生徒本人の希望はきちんと踏まえた方がよく，そのためには入学からの生徒指導を通じて生徒理解を深めておくことが何よりも大切なこととなる。

3．キャリア教育

　進路指導によって生徒が円滑に進路を決めることができたとしても，それだけでは物足りないとするのが，これから述べるキャリア教育の基本的な考え方だ。進路指導は，進路選択を円滑に進めることができるようになるという意味では生徒の役に立っているが，そこでなにがしかの知識やスキルの獲得を目指しているわけでは必ずしもない。そういう意味では，役に立つのは卒業という一瞬においてであり，悪く言えば一過性のものである。

　ところが，進路選択というのは学校卒業後にも何度となく訪れる。大学に進学したとしてもいずれは就職するし，就職したその会社に一生勤め続けることなく転職する可能性もある。それらの進路選択を自分自身の力で行えるような力を学校教育において身につけさせることも必要なのではないか。進路指導はその役

割を十分に果たしていないので，新しい取組みが必要だ。こうした考え方から，最近特に求められるようになっているのがキャリア教育である。

　キャリア教育としてどのような知識・スキルを身につけさせるかにはいくつかの考え方が存在する。文部科学省がいうところのキャリア教育では，「基礎的・汎用的能力」が重視される。たとえばコミュニケーションや自己管理といったことは，どんな職業に就いたとしても必要になる能力なので，学校教育においてしっかり身につけるのが望ましいとされる。社会的・職業的自立を目指し，小学校から高校まで，時間をかけて徐々に能力を高めていくこと（キャリア発達）が想定されている[1]。

　他方で，文部科学省がいうような「基礎的・汎用的能力」だけでは不十分で，労働者の権利をはじめとした労働に関する知識を教えることが大切ではないかという議論がある[2]。非正規雇用の増加やブラック企業の存在などが社会問題化し，働き続けるということがそう簡単なことではなくなったという時代認識がそうした議論の背景に存在する。

　注意したいのは，キャリア教育が行われたとしても，進路指導の重要性や必要性は変わらないという点である。キャリア教育が問題としているのは，従来の進路指導では不十分だという点である。今後は，キャリア教育を通じて身につけた知識やスキルを，進学先や就職先の選択に生かせるような進路指導が求められていくだろう。

第3節　高校生への就職指導

1．高校卒業後に就職する人たち

　皆さんが仮に公立高校の教員として就職したとしよう。定年までに，少なくとも3〜4回は学校を異動することになるはずだ。高校にはさまざまなタイプの学校があって，卒業後ただちに就職する生徒が多い学校に配属されることもある

かもしれない。

2017年3月に高校を卒業したのはおよそ107万人，そのうち就職したのは17.8％のおよそ19万人である。この17.8％という数字は，学科によって異なる[3]。普通科高校では8.5％なのに対し，商業高校では42.8％，工業高校では67.5％にも達する[4]。

進学者が多い普通科高校では進学に関する進路指導が行われるのと同様に，就職者が多い高校では就職に関する進路指導が行われる。前者を進学指導，後者を就職指導と言い分けることもある。未成年者である高校生の就職活動に対しては，高校が手厚く就職指導している。

2．高校生への就職指導の特徴

就職活動の進め方は，大学受験と似ている部分もある。「志望校を選んで，入学試験を受験する」のが大学受験だとすれば，「志望企業を選んで，入社試験を受験する」のが就職活動である。ただ，志望企業の選び方や入社試験の受験の仕方は，大学受験とは異なる。

まず，志望企業の選び方だが，基本的には高校に送られてくる求人票の中から選ぶ。求人票というのは，大学受験でいえば募集要項みたいなもので，企業がどういう条件で採用しようとしているかが示された書類だ。企業は，高校卒業者を採用したい場合に，この求人票をハローワーク（職業安定所）経由で高校に送付する。高校は，さまざまな企業から送られてきた求人票をとりまとめて生徒に提示する。もし勤務の内容や条件などの点で高校生が卒業後初めて就職するのにふさわしくない求人票だと判断すれば，生徒に示さないこともできる。生徒は，高校がとりまとめた求人票を見て，その中から志望企業を選ぶのである。実際に受験するかどうかは別として，全国どこの大学でも自由に受験できる大学受験とはだいぶ状況が異なる。

次に入社試験の受験の仕方だが，教員と相談しながら，基本的には1社ずつ受験していく。1社受けてみて，不合格通知が来たら次の企業を受験するというや

第9章 キャリアと学校　113

り方である。何校も同時に受験して，複数の大学から合格通知をもらうことも可能な大学受験とはやはり状況が異なる。

　他にもさまざまな特徴がある。就職活動のスケジュールは，高校の授業日程に大きな影響を及ぼさないように，厳しい決まりがある。生徒に求人票が示されるのは夏休み前の7月で，教員と相談したうえで夏休み中に企業見学などを済ませ，夏休み明けの9月16日に採用試験が解禁となる。また，生徒が企業に提出する履歴書は，フォーマットが全国的に統一されている。差別につながるような情報が書き込めないようにという配慮がされているからだ。

　このように，高校生に対する就職指導では，教員が果たす役割は非常に大きい。なかなか就職先が決まらずに就職活動が長引く生徒もなかにはいる。教員は，キャリアの空白を作らないように，卒業までずっと生徒に寄り添って指導を続けていくことになる。[5]

第4節　多様な進路

1．高校中退

　高校は義務教育ではないので，途中で退学をすることができる。中途退学を省略して中退とよんでいるが，第1節でも述べたようにその後のキャリアが狭められたり，キャリアの空白ができてしまったりするので，教員はそうならないように指導をしようとする。

　まず，退学をするにしても中退にならない努力を考える。それは，別の高校に移ることである。転校する場合もあれば，編入学試験を受けて別の高校に入り直す可能性がありうる。別の高校として選ばれることが多いのが，定時制や通信制の高校である。[6]定時制の高校は，基本的には夕方から夜にかけて授業を行う。また，通信制の高校は，基本的に自学自習で勉強を進め，レポートを提出してその評価を受けることで単位が認められる。[7]こうした点で全日制の高校とはやや異な

114

るが，卒業すれば高校卒業の資格がもらえることには変わりない。

　次に，いま通っている高校を退学し，かつ他のどこの高校にも移らない場合を考える。可能性としてあるのは就職だが，中退者の就職について高校が指導することは事実上難しい。中退者を採用してもよいという企業の情報を高校は持ち合わせていない。そこで，この場合はハローワークに行くよう生徒に勧めるのが高校としては精一杯である。また，就職を希望していない場合だが，この場合も高校ができることには限りがある。近年は地域若者サポートステーション（サポステ）という若者支援組織が全国的に充実してきているので，そちらと連携して対応することも考えられる。

2．高校卒業後の進学先

　高校卒業後の進学先は大学以外にもさまざま存在する。就職するか進学するか，進学するとしたらどのような機関に進学するかは，生徒本人の意欲や学力によって単純に決まるものではなく，進学の場合の授業料を払えるかなどの家庭の経済状況にも大きく左右される。教員は，そうした事情も加味して進路指導にあたらなければならない。

　学費という観点からすると，4年制大学を基準に考えれば，比較的安く済むのが専門学校や短期大学という選択肢である。2年間で卒業できるので，卒業までのトータルの金額を比べれば4年制大学より安くなる。卒業後に4年制大学へ編入ができる場合もあるから，途中で家庭の経済状況に余裕ができればさらに勉強を続けることもできる。問題は，特に専門学校の場合，学ぶ内容が特定分野に限られるので，興味を失ってしまった場合に進路の修正が難しくなるという点である。

　就きたい職業が絞れていれば，職業訓練校[8]に通うという選択肢もある。授業料は専門学校と比べて格段に安い。ただし，文部科学省所管ではなく厚生労働省所管の施設なので学歴としてはみなされないのが問題である。一方，防衛大学校，防衛医科大学校，海上保安大学校，気象大学校は，文部科学省以外の省庁が所

管する研修施設ではあるが，大学卒業と同等の資格を得ることができる。しかも，入学は国家公務員としての採用になるので，授業料を払う必要はなく，逆に在学中に給与が支給される。

　他にも，あくまで4年制大学へ進学し，日本学生支援機構などから奨学金を借りるという選択肢もある。ただ，返済不要の給付型奨学金を除けば，借りた分はいずれ返済しなければならなくなる点は要注意である。大学に進学することのメリットをどう考えているのか，それは奨学金を借りてでも得る価値があるのかどうか，教員は生徒に問いかけながら進路指導をしていく必要がある。

おわりに

　学校教育は，学校で学ぶこと，学校を卒業すること，学校で指導を受けること，といった点で卒業後のキャリアと関係し，時に役立つこともある。近年は，生徒の社会的・職業的自立を目指したキャリア教育が行われるようになり，学校教育とキャリアとの新しい関係が模索されている。学校で学ぶことが将来何の役に立つのかと生徒に問われたとき，まごつかずに答えられるよう，皆さんなりに考えて，議論を整理し，自分の見解をもっておいて欲しい。　　　　　　　［大島　真夫］

考えてみよう
1．あなたが教員だとして，「理科という教科を学ぶことは将来何の役に立つのか」と生徒に質問されたらどのように答えるか，考えてみよう。
2．高校を卒業して就職せずに大学へ進学することにはどのようなメリットがあるだろうか。考えてみよう。

　　注
1) 基礎的・汎用的能力やキャリア発達の詳しい説明については，文部科学省（2011）を参照するとよい。また，2017年告示の新学習指導要領にキャリア教育の考え方が大きく取り入れられることになっており，学習指導要領やその解説の記述

も参照するとよい。

2) 代表的な議論は，児美川 (2007) の「権利としてのキャリア教育」論である。

3) 普通科，職業科，総合学科の区別のことを「学科」とよぶ。職業科には，工業高校，商業高校，農業高校などが含まれる。

4) 文部科学省の「学校基本調査」による。

5) 2017 年 3 月卒業生についていえば，内定率 (就職希望者数に対する内定者数の割合) は 10 月末時点で 74.9％，卒業の 3 月末時点で 98.0％となっている。教員が就職指導を通じて粘り強く就職先を見つけた結果であると同時に，就職が無理そうならば進学に切り替えるなどの進路指導が行われた結果でもある。内定率は，文部科学省の「高等学校卒業 (予定) 者の就職 (内定) 状況調査」による。

6) 全日制，定時制，通信制の区別のことを「課程」とよぶ。「学科」と組み合わせて，たとえば「全日制の普通科高校」とか「定時制の工業高校」のようにいう。

7) ただし，一部の科目については，学校に通って教員のライブの授業 (スクーリング) を受ける必要がある。通信制高校の学校生活については，手島 (2017) に詳しい。

8) 職業能力開発校，職業能力開発短期大学校，職業能力開発大学校がある。

参考文献

児美川孝一郎 (2007)『権利としてのキャリア教育』明石書店.

高野良子・武内清編 (2016)『教育の基礎と展開 ― 豊かな保育・教育のつながりをめざして』学文社.

手島純編著 (2017)『通信制高校のすべて ― 「いつでも，どこでも，だれでも」の学校』彩流社.

文部科学省 (2011)『中学校キャリア教育の手引き』文部科学省.

column

理工系の大学にはなぜ女子学生が少ないのか？

　文部科学省による2017年度の学校基本調査によると，日本全国の大学に在籍する大学生のうち，女子学生は48.9％，男子学生は51.1％となっている。ところが，これを専攻別にみてみると，「工学」は男子学生が84.5％に対して女子学生は14.5％，「理学」は男子学生が72.8％，女子学生が27.2％という割合になっている。大学に在籍している学生全体の男女比と比べてみると，理工系学部においては明らかに女子学生が少ない。学校教育は基本的に男女平等の理念で行われており，教科教育においては全国統一の学習指導要領のもと，男女とも同じ内容の授業を受けてきたはずである。それなのになぜ，高校を卒業して大学に進学する段階において，分野による進路の差が生じるのだろうか。

　世間には，一般論として「男子は論理的思考に優れ，女子は感情的な部分が豊かである」，ゆえに「工業や化学の仕事は男性，教育や看護の仕事は女性」といった性別による能力のイメージが存在している。このような性別による能力イメージの違いは「男性は外で働き，女性は家で家事・育児をする」という性別役割分業に根差した考え方であるが，これは根強くわれわれの意識の中に入り込んでいるため，教師が無意識のうちに生徒に対して性別によって対応を変えるということになってしまうことがある。たとえば，高校の進路指導の場面において，女子生徒が文系か理系かで迷っているときなどに「女の子なんだから」文系，男子生徒が保育系や家政系の学部を希望したとすると「男の子なんだから」と理系や社会科学系の学部を勧めたりするといったケースがそれに当てはまる。

　このような日々の学校生活の中における，教師による性別による対応の違いの繰り返しは，いつの間にか生徒自身の中にも「男だから理系」，「女だから文系」といった意識を刷り込んでしまう。これはいわゆる「隠れたカリキュラム」の一つである。そして，それが積もり積もった結果，性別による進路の水路づけ（トラッキング）が起こってくる。よって理工系の大学には男子が多く，女子が少ないという現象が起きると考えられるのである。

　性別にかかわる思い込みによる日常的な指導の積み重ねは，生徒たちの進路を限定してしまう危険性がある。性別役割の固定化によって，生徒の能力を存分に伸ばす機会が狭められてしまうのは社会にとっても有能な人材の損失となる。女性が工業や化学の世界で活躍するのも，男性が保育や看護の現場で活躍するのもどちらも素晴らしいことであるのだから。

（谷田川　ルミ）

第10章 学校におけるリスクと安全

keywords

学校保健安全法　学校事故　安全教育　防災教育

はじめに

　生徒たちが学校内外における生活を安全に過ごすことは，すべての教育活動の基本である。とはいえ，記憶に新しいところでは東日本大震災は，生徒たちが学校にいる時間帯に発生し，学校内においても大きな被害を受けた。大きな災害以外にも，通学中や授業中の事故，不審者の侵入など，子どもたちの安全を脅かす出来事が起こるリスクとは常に隣り合わせであるといっても過言ではない。

　本章では，学校におけるリスクと安全について，法的側面，学校教育の現場における実態，教育的な取組みなどを取り上げて考えてみたい。

第1節　学校保健安全法

1．学校保健安全法の構成

　学校保健安全法は，学校保健と学校安全について定めた法律である。もともとは「学校保健法」という題名で，健康診断，感染症予防のための学校の臨時休業（いわゆる学級閉鎖），教室内の照明や気温といった学校保健に関することを定めた法律だった。2008年に法改正が行われ，題名が現行の「学校保健安全法」となり，学校安全に関する定めが追加され，現在に至っている。

119

学校保健安全法（以下，「法」）では，学校安全に関して，主に2つのことを定めている。それは，危険の防止と危険発生時の対処である。たとえば，学校内への不審者の侵入という危険に対しては，不審者の侵入をどう防ぐか，万が一侵入を許してしまった場合にどう対処すればいいか，の2点をあらかじめ定めることになっている。

また，学校関係者の役割分担も明確化されている。具体的には，国，地方公共団体，学校の設置者，学校が，学校安全に関してそれぞれすべきことが定められている。たとえば，国は法3条第2項で学校安全の推進に関する計画を策定することとなっていて，これに基づいて2017年に作成されたのが「第2次学校安全の推進に関する計画」である。[1] 責任の所在をはっきりさせ，きちんと学校安全に取り組もうというわけである。

2. 学校安全計画

学校が作成しなければいけないものの一つが，法27条に定めのある学校安全計画である。計画において，①学校の施設及び設備の安全点検，②児童生徒等に対する安全に関する指導，③職員の研修，④その他事項の4点を定めることとされている。

計画のひな形として学校安全計画例というものが，文部科学省が作成した資料に掲載されている（文部科学省 2010）。それによれば，学校安全は安全教育，安全管理，両者の活動を円滑に進めるための組織活動の3つから構成される。

安全教育は，さらに安全学習と安全指導に大別される。安全学習では，体育実技や理科実験のような各教科や総合的な学習の時間における事故を防ぐための教育が行われる。他方，安全指導では，運動会や修学旅行のような特別活動および部活動における事故を防止するための指導が行われる。

安全管理では，生活安全，交通安全，災害安全の3点について，対人管理と対物管理に分けて計画が作成される。組織活動としては，家庭，地域社会，関係機関と連携した活動を定めることになっている。たとえば通学路に関して，保護者

等が見守りをしたり，警察等と連携して交通規制を行ったりすることがこれに該当する。

3．危険等発生時対処要領

学校が作成しないといけないものとして，もう一つ法29条に定めのある危険等発生時対処要領がある。いわゆる危機管理マニュアルである。これについても文部科学省がいくつか資料を作成しており，不審者侵入に対するマニュアル（文部科学省 2007）と，地震や津波災害に対するマニュアル（文部科学省 2012）が公開されている。

両資料では，いずれもフローチャートを用いてわかりやすく対処方法が示されている。たとえば，不審者に対してはまず訪問目的を尋ね，正当な理由がない場合は退去を求め，それでも退去しない場合は応接室等に誘導して生徒から隔離し，警察へ通報する。さらに，万が一負傷者が出た場合には救急通報のうえ，応急手当をして，被害者等への心のケアを行い，事後には保護者等へ説明を行うこととされている。地震や津波に対しては，事前の備えとして避難訓練や備蓄を行い，地震が発生した場合には初期対応として身を守り，二次対応として避難するとされている。津波発生を想定した高台への避難などがこれにあたる。その後，対策本部を設置し，安否確認，避難所設置への協力，保護者への児童生徒等の引き渡しなどを行うこととされている。

第2節　安全教育と安全管理

1．安全教育で身につけたい力

安全に学校生活を送るために，すべての児童生徒が安全に関する資質・能力を身につけることが重要である。安全教育で身につけたい力とは，危機を予測し回

生活安全	交通安全	災害安全
登下校時の安全，授業や校内での事故の防止，家庭生活での安全，地域や社会での安全，スマートフォン・携帯電話等使用時の安全	道路の歩行・横断，交通機関の利用，自転車の安全な利用と点検・整備，二輪車・自動車の特性と心得，交通事故防止と安全な生活	災害への備えと安全な生活，気象災害時の安全，地震災害時の安全，火山災害時の安全，避難所の役割と貢献，原子力災害時の安全，その他の安全

表 10.1　安全教育の 3 つの領域

出所）東京都教育委員会（2017）『安全教育プログラム第 9 集』より筆者作成。

避する能力や，他者や社会の安全に貢献できる資質や能力である。こうした力を育成するための安全に関することがらは多岐にわたるが，たとえば東京都は，生活安全，交通安全，災害安全の 3 つの領域に分けてさまざまな取組みを行っている（表10.1）。

　実際の学校では，教育課程の各領域でどのような安全教育を行うかについて年間指導計画を作成している。学校段階に応じて，教科・特別教育活動・総合的な学習の時間などの時間を使って教科横断的に学ぶことになる。それでは，学校を中心として，地域とも連携してどのような取組みを行うことができるかを考えてみよう。

2．具体的な取組み

（1）「安全マップ」を地域とともに考える

　生活安全の取組みのひとつとして，登下校時の通学路の安全マップ作りがある。また，交通安全指導では，自転車事故を予防することも含め，小学校から高校までのすべての学校段階で交通安全指導が行われている。指導の機会や時間はさまざまだろうが，子どもの通学路は安全か，自転車等での通学に問題はないかなど，子どもの目，教師の目，親の目，地域の目で確認して安全マップを作り，確認することを勧めたい。たとえば，人通りが少なくなる場所だけでなく，道路幅が狭く自転車と車の行き違いが難しい道路は，子どものみならず地域の人々

にとっても事件や事故に巻き込まれる危険性が高い。近年，こうした取組みは増えているが，子どもに対する自転車や二輪車の安全な利用や交通事故防止の指導と併せて，学校評議員会や学校運営協議会，PTAなどでも広く議論して，地域の課題として取り組みたい。地域の安全をみんなで守る意識を高める安全教育を，学校を中心として地域全体で考えることが重要である。

（2）命を守る実践的な避難訓練

　火災や地震等の危険についての学習やそれらを想定した避難訓練は，どんな人も一度は経験があるだろう。避難訓練は，2011年に起こった東日本大震災の経験から実践的な訓練としてとらえ直されるようになってきている。東日本大震災から得た智恵のひとつに，「命てんでんこ」の教えがある。「てんでんこ」とは「てんでばらばらに」という意味であり，命を守るために，各自がてんでばらばらに逃げることを重視する考え方である。この考えに則って取組みを始めたある小学校では，避難訓練は事前に告知されず，これまでのように整列して避難することはなくなり，みんなの命を守るために素早く行動する訓練に変わった。この避難訓練を行う中で，自分がどの階段を使ったらよいか，低学年の仲間や障がいのある仲間にどんな声掛けや支援をしたらよいかを考えて行動するようになったという。自分だけでなく他者の命も守る，実践的でほんものの避難訓練が必要ではないだろうか。

　以上，2つの取組みを取り上げたが，アレルギーへの対応などの新しい課題も含め，教科横断的にさまざまな角度から学校安全について学ぶことが重要である。そのためにも，担当の教師と学校，そして地域も巻き込んだカリキュラムをデザインする，「カリキュラム・マネジメント」がますます重要になる。教科・特別活動・総合的な学習の時間等でそれぞれの学年が何を学んでいるかを互いが理解し，教師の研修や地域との対話を通して，安全教育に協働的に取り組むことを心がけたい。

第3節　学校事故

　子どもたちが1日の大半を過ごす学校には，多くのリスクが内在している。まず，激しい身体動作をともなう教科や特別活動・部活動，特定の危険な道具を用いる教科など，教育活動に内在するリスクがある。また，登下校や校外学習という行為自体が交通事故や犯罪，天災のリスクを内包するものである。さらに，学校が集団を原則として教育活動を展開している以上，子ども同士のけんかやいじめなど集団に起因するリスクもある。

　こうしたリスクを完全にゼロとすることはできない。リスク・ゼロを目指してしまえば，ほとんどの教育活動は展開できなくなる。だが，学校にはどういったリスクが存在するのかを認識し，過去に起きた事故を教訓として，リスクを低減させることは可能である。また，不幸にも事故が起こってしまった場合に，どのように対処すればよいのか，日頃から十分留意することも可能である。教職を志すうえで，リスク管理への心構えを形成することが不可欠である。

　一口に学校事故といっても，さまざまな種類がある。教師の指導や監督が原因で発生した事故，子ども自らが原因を作った事故，生徒間でのいさかいなどが原因の事故，施設や工作物が原因の事故，教師・子ども以外が原因となる事故，天災が原因の事故などである。これらすべてが学校や教師に帰責されるわけではないが，自招事故や生徒間事故，第三者事故，天災であっても，指導や監督を適切に行っていたのか，避けることはできなかったのか，こうした点が問題となり学校や教師の責任が追及される場合もある。また，応対する子どもの年齢等によっても，責任の有無や程度は異なってくる。

　日本スポーツ振興センター（2016）のまとめによると，保育所から高専までを含めたすべての学校等で2015年度に1,078,605件の事故が報告されている。うち，中学校が374,903件，高校が264,196件である。中学校の発生件数約37万件のうち，各教科等で93,034件，学校行事以外での特別活動で9,757件，学校行事で20,365件，課外指導で192,929件，休憩時間で47,517件，通学中で11,109件が報

告されている。高校では順に，57,678件，2,077件，20,490件，159,892件，11,449件，12,039件となる。中学・高校ともに，課外指導＝部活動での事故が全体の半数以上を占めている。教科においては，中学・高校ともに体育の授業中での発生件数がダントツで，中学校85,410件，高校54,578件である。ただし，中学では理科や技術・家庭科，総合的な学習の時間での発生件数も多い（順に，1,273件，1,528件，1,338件）。高校でも，教科中に発生する事故のほとんどが体育で占められているが（54,578件），理科で170件，工業で431件の事故も発生している。

日本スポーツ振興センターの「学校事故事例検索データベース」や判例から，中学・高校の理科，高校の工業，高校部活動の事例を見てみたい。

【中学・理科】

過酸化水素水を加熱して酸素を発生させる実験中，友人の班の実験の様子を見ていたところ，熱しているガラス製の試験管が破裂して，破片が男子生徒の左眼に刺さった。視力・眼球運動障害。

【高校・理科】

物理の授業で，断熱圧縮にともなう発火実験により爆発音が発生。事故にあった男子生徒は実験の近くにおり，爆発音後，左耳に異常を感じた。聴力障害。

【高校・工業】

事故にあった男子生徒がフライス盤につける約3kgのフルバックを取り換えようとして，両手で持って作業を始めた。同時に，他の生徒が自動送りレバーを操作してバイスを上げたため，両手が機械に挟まった。手指切断・機能障害。

【高校・野球部】

ノックをしていた捕手の打った球が守備練習中の男子生徒の眼に当たり，右眼を負傷。裁判所は，「アップ中であるからといって，部員の安全確保に向けられた教諭の注意義務が軽減ないし免除されるものではない」と述べて，学校側の責任を認めた（名古屋地裁 2006（平成18）年11月28日）。

【高校・ラグビー部】

ラグビーの対外練習試合後に熱中症を発症し，翌日死亡。裁判所は，「我慢強い無口な性格は同監督として十分承知していたはずであることなどからすると，

監督は，（中略）生徒の熱中症発症については十分な監視を怠ったまま，本件アフター練習を命ずるとともに，同練習中においては，生徒の上記異常を，技量の不足，単なる疲労又は練習に対する意欲の低下によるものと判断して，さらに，約200メートルのランニングを2回命じるなどし，もって，生徒につき不可逆的な熱射病を発症させた」と述べて，学校側の責任を肯定した（佐賀地裁 2005（平成17）年9月1日）。

　どの事例も，日常的に行われている実験や活動中に発生したものであり，学校事故のリスクはどこにでもあることがよくわかる。こうした学校事故の中には，日本の学校文化に間接的ながら起因するものもある。たとえば，運動系の部活動の中には，生徒の体調の変化なども「気のゆるみ」や「やる気がない」ととらえられがちな，精神主義的な色彩が残っているところも多い。しかしながら，そうした体調の変化が重大な事故につながりかねない。また，逼迫したカリキュラムの中で，悪天候が予想されるにもかかわらず，行事等を強行して，生徒が事故にあうということも後を絶たない。

　ただし，学校文化や学校制度を変えることは，そう簡単なことではない。まずは，現にどのような事故が発生しているのかを認識し，事故発生時の緊急対処法などを学習したうえで，学校医や養護教諭などとの連絡・連携の体制を各学校で整えることが肝要である。そのうえで，危険が予想される場合には，「やめる」という決断ができるような体制を形成することも必要である。

第4節　防災教育

1．防災教育の必要性

　1995年以降，20数年間という短い期間のうち，日本国内だけでも甚大な被害をもたらす「災害」は幾度となく起こっている。大きな被害をもたらした事例と

しては，1995年の阪神・淡路大震災，2011年の東日本大震災であるが，その他にも，台風による風水害，竜巻，雪害，活火山の噴火による災害等が毎年のように各地で起こっている。ある程度，事前に予想が可能な災害もあるが，多くの場合，事前の予測が不可能，または「想定外」の被害が起こるケースであることも多い。また，学校における防災訓練などでは，主に地震（揺れから身を守る），火災（煙を吸わないように速やかに避難）といった取組みが多く，東日本大震災で甚大な被害をもたらした津波や近年，毎年のようにおこる豪雨による河川の氾濫や土砂災害，竜巻による被害といったケースへの対応は十分とは言えない状況である。多くの子どもたちが一堂に学ぶ学校という場において，こうした災害時における適切な対応を学ぶことは，子どもたちの命を守るという点においても喫緊の課題といえるだろう。

　文部科学省が2013年に提示した学校防災のための参考資料である「生きる力をはぐくむ防災教育の展開」では，防災教育のねらいとして以下の3点を挙げている。

① 自然災害等の現状，原因及び減災等について理解を深め，現在及び将来に直面する災害に対して，的確な思考・判断に基づく適切な意思決定や行動選択ができるようにする。

② 地震，台風の発生等に伴う危険を理解・予測し，自らの安全を確保するための行動ができるようにするとともに，日常的な備えができるようにする。

③ 自他の生命を尊重し，安全で安心な社会づくりの重要性を認識して，学校，家庭及び地域社会の安全活動に進んで参加・協力し，貢献できるようにする。

　なお，これらのねらいを達成するためには，各学校段階を通じた教育が必要となってくる。たとえば，中学校と高等学校では図10.1のような目標が掲げられている。

　これらの目標を達成するためには，自然災害の原因やメカニズムといった知識，災害時の行動を判断できる力，主体的な地域社会への参画といった日頃からの学校教育や生活の中での教育実践が必要となってくる。

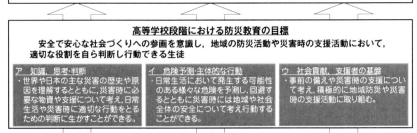
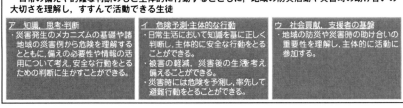

図 10.1　中学校，高等学校段階における防災教育の目標
出所）文部科学省（2013）

2．家庭・学校・地域社会との連携

　万が一の災害時に学校および生徒たちの安全な避難，ケガや疾病時の対応，災害後の対応などをスムースに行うためには家庭・学校・地域社会の連携が必要不可欠である。在校時に被災した場合，生徒たちの安否をどのように把握し，保護者に伝えるか，その際の保護者の勤務状況の把握や家庭の事情などを日ごろから把握し，学校と家庭で有事の際には連携することを保護者との間で話し合う機会をもつことが重要になってくる。

　地域社会との連携も欠かせない。たとえば，学校という場所は避難所になるこ

とが多い。災害対策基本法第42条，および60条において，市町村内の公共施設のひとつとして学校が避難所として使用されることが示唆されており，実際，東日本大震災時に学校が応急的避難所となった数はピーク時には622校にのぼった（文部科学省 2014）。基本的には学校の教職員は避難所の初動時の立ち上げにかかわることとなるが，東日本大震災時には，学校の教職員が長期にわたる避難所運営スタッフとしての役割を担ったケースも多く，一日も早い授業再開が待たれる中，多大な負担となった。この教訓を生かし，災害が発生することを想定して，折に触れて地域社会の住民とともに災害時の避難所の運営方法や体制等について話し合ったり，定期的に避難所開設・運営のための訓練を行ったりする必要がある。

3．学校教育における防災教育の展開

　さて，それでは学校教育の中でどのように「防災教育」を行ったらよいのだろうか。この点については，東日本大震災で被害を受けた東北のある市立中学校で伺った話を参考事例として挙げておきたい。この中学校の近隣では甚大な人的被害があったのだが，それを目の当たりにした生徒たち自身が「空気のようなかたちで防災に関する知識を身につける」ことを提案したことをきっかけに，各教科の教育において，たとえば，社会科では災害の歴史や地理的条件について，理科では地震や津波のメカニズム，国語では被災した経験や標語を短歌にするといったかたちで通常の授業内に“埋め込む”かたちで防災についての教育を行っているのだという。

　確かに，「防災教育」といったかたちで独立させてしまうと，一時的な教育に終わってしまう危険性がある。災害はいつ，どのような状況下において起こるかわからない。日常の知識に埋め込み，身体化することで，生徒たちが有事の際に主体的に状況判断することが可能になるものと思われる。こうした教育を実現するためには，前述のように，各学校の地理的条件や想定される災害，地域における災害の史実，通学路の状況などを考慮した教育課程の編成（カリキュラム・マネ

ジメント）が必要不可欠になってくるだろう。

　加えて，忘れてはならないのは，守るのは子どもの命だけではないということである。教員自身の命があってこそ，災害が起こった後の対応，子どものケア，復興を行うことが可能となる。そのためには，日ごろから教員同士で自らの安全を確保すること，そのうえで，子どもたちの命を守ることの双方の視点から，学校における防災を考える必要がある。

第5節　防災教育の国際協力

　災害は国境を知らない。民族，言語，宗教などの人類の多様性にかかわらず，災害は起きる。他方，防災・減災の取組みが効果を発揮すれば，どこでも助かる命がある。とりわけ，教育の場における防災や災害後の復興についての学習は，最も重要になる。災害が越境するなら，防災や復興のための学習も，国際的に経験や知見を共有しながら，相互に協力し合うことが必要となるだろう。

　日本では，1995年の阪神淡路大震災によって，防災教育のあり方に抜本的な変革が迫られた。それまで，火災を想定した避難訓練というようなイベント色の濃いものから，震災の教訓から命の大切さ，助け合いの精神のような人としての生き方を育み，災害に備える教育へと高まったと言われる。教育行政における防災教育の位置づけは，学校安全の枠組みに組み込まれている。同時に，施設としての学校の防災と，地域の防災拠点としての連携活動からなる防災管理として整備が進められた。また，2002年に始まった総合的な学習の時間を活用した防災教育の広がりがみられた（桜井 2013）。

　このような日本の防災教育の経験と知見は，国際社会に向けて発信されてきた。2005年の「兵庫行動枠組」では，防災知識を教育課程に組み込むことが提言された。すなわち，災害のメカニズムに関する科学的知識や防災のための科学技術についての知識習得から，児童生徒が学校や周辺地域の防災活動に取り組むべきかを主体的に考える学習まで，生きるための教育の必要性が発信された。

さらに，2011年東日本大震災後の2015年「仙台防災枠組」では，リスク軽減に向けた包括的な学校安全が提言された。また，災害後速やかに教育を継続させるための学校の「レジリエンス（強靱性）」を向上させるべきだということや，復興期の教育の重要性が強調された（外務省HP）。

個別の国への支援事業も行われてきた。一例として国際協力機構（JICA）の「タイ国防災能力向上プロジェクト」が2006年に開始された。2004年インド洋大津波により甚大な被害を受けたタイでは，防災体制強化に取り組むことになり，JICAによる専門家派遣が行われ，その一部として防災教育の向上が含まれた。現地専門家養成や教員研修の実施，モデル校での実践から始まり，タイ語の副読本「洪水」「土砂災害」「津波」の開発など，日本で培われた防災教育のノウハウを現地化させるための活動が行われた。専門家の報告書によると，タイ側の教師たちから，「防災はまず心を育てること。心とは命・支え合い・自ら動く」「学校・家庭・地域が連携して取り組むことが大切」「すべての教科で防災教育に取り組んでいく」などの言葉が聞かれたという。日本の先進事例が外国に根づいた一例である（近藤 2013）。

被災後の復興期の教育についても，国際的に経験を共有していく必要があるだろう。2005年にハリケーンによってアメリカのルイジアナ州ニューオーリンズ市では，8割が水没，死者約1,500人の事態となり，公立学校の8割以上が全壊するなど教育分野にも甚大な被害が出た。もともと都市部貧困層が集住し学力不振問題があった地域であった。被災後，各方面からの支援を柔軟に受けるために，行政上の規則に制約されないチャータースクールの仕組みを生かし，多くの学校が再生し，なおかつ被災前よりも学力向上を実現したという（大倉 2016）。単に，学校が再開されるだけでなく，学校の支えとなる地域を復興することに教育が果たすべき役割があるといえるだろう。

おわりに

これまでみてきたように，子どもたちが安全に学校生活を送るためには，日常

の通学や授業の中において，十分な安全を確保できるように注意を払う必要がある。教育目標を達成することも大切なことであるが，最も守らなくてはいけないのは子どもたちの命と安全である。そのためには，学校内で有事の際の対応について十分に検討し，日ごろの学校教育の中で安全について生徒とともに考える機会をもつことが重要である。また，生徒たちの安全を確保するためには，学校の教員の力だけでは不可能であろう。学校と地域社会，そして家庭が十分に連携し，子どもたちの安全を守る意識を共有することが重要である。

［大島真夫・黒田友紀・東野充成・谷田川ルミ・森下　稔］

> 考えてみよう
> 1．学校内での事故は，どのような場面で起こりがちだろうか。事故が起こりそうな場面を考えるとともに，事故を未然に防ぐ方法と起こってしまった時の対応を考えてみよう。
> 2．自分の免許取得予定の教科の授業の中で，防災教育をどのように取り込んでいけるだろうか。できるだけ具体的に考えてみよう。

注

1）2017 年から 2021 年までの 5 年間に関する計画である。

参考文献

日本スポーツ振興センター（2016）『学校の管理下の災害（平成 28 年度版）』.

大倉健太郎（2016）「災害後における教育機会の展開と新たなコミュニティの創出── 米国ニューオーリンズ市のハリケーン・カトリーナを事例に」『比較教育学研究』第 52 号，140-155 頁.

外務省 HP　http://www.mofa.go.jp/mofaj/gaiko/bousai.html（2017 年 11 月 27 日）.

近藤ひろ子（2013）「タイ国防災能力向上プロジェクトフェーズ 2　専門家業務完了報告書」国際協力機構.

桜井愛子（2013）「わが国の防災教育に関する予備的考察：災害リスクマネジメントの視点から」『国際協力論集』第 20 巻第 2・3 号，147-169 頁.

文部科学省（2007）『学校の危機管理マニュアル──子どもを犯罪から守るために』.

文部科学省 (2010)『学校安全参考資料「生きる力」をはぐくむ学校での安全教育』.

文部科学省 (2012)『学校防災マニュアル (地震・津波災害) 作成の手引き』.

文部科学省 (2013)「生きる力をはぐくむ防災教育の展開」.

文部科学省 (2014)「災害に強い学校施設の在り方について — 津波対策及び避難所としての防災機能の強化」.

| 第11章 | 地域社会と学校 |

keywords

地域学校協働本部　コミュニティ・スクール　学校選択制
学校統廃合

はじめに

　社会化とは生物学的存在として誕生したヒトが社会的存在としての人間に形
作られる過程である（第3章参照）。具体的には人が他者との相互作用を通して，
所属している集団や社会に特有な態度・技能・知識・動機などを習得し，その社
会の一員にふさわしい存在になっていく過程ととらえられる。社会化は一生を通
して行われるが，特に子ども期の社会化は人間にとって最も基礎的・基底的なも
のである。社会化は他者との相互作用を通して行われるが，他者との相互作用が
最も集中的・集約的に行われるのは人が集団の一員としてある時であり，その点
に注目すると集団は社会化のエージェントととらえることができる。第3章でみ
たように，こうした点に早くから注目したアメリカの社会学者クーリー（Charles
H. Cooley）は集団分類概念のひとつとして，比較的構成員が少なく直接的・対面
的な接触が可能で，親密感・連帯感・一体感をもつ集団を「第一次集団（Primary
Group）」ととらえる考え方を示した。第一次的（Primary）というのは個人の人間
性・社会性・理想の形成にとって第一義的な重要性をもつことを意味するもので
あり，子どもは第一次集団の中でこれらを身につけるが，その代表的な例として
家族・遊び仲間・近隣集団をあげている（Cooley 1909＝1970：24-25）。クーリーが
いう近隣集団と地域社会は厳密には異なる概念であるが，子どもの社会化に
とっての地域社会の役割・重要性はクーリーが近隣集団の役割・重要性として指

摘した内容と共通するといってよい。

第1節　地域社会と子どもの社会化

1．地域社会における子どもの社会化

　地域社会について社会学の分野で初めて体系的に考察したのはアメリカの社会学者マッキーバー（Robert M. MacIver）である。マッキーバーは集団分類概念としてコミュニティとアソシエーションという考え方を示し，コミュニティの典型例が地域社会であるとした。コミュニティは「共同生活のいずれかの領域」であり，「それより広い領域からそれが何ほど区別されなければならず，共同生活はその領域の境界が何らかの意味をもついくつかの特徴を持っている」と示し，その成立要件として「地域性 ─ 一定の地理的範囲」と「共同性 ─ 居住する人々の共同関心」をあげている（MacIver 1917=1975：46）。地域社会は人間の生活の基盤であるという意味をもつが，子どもにとっては，その社会化に関わる集団の中で最も基礎的な集団のひとつであり，選択できない与件であるととらえられる。子どもにとっての地域社会の具体的な範囲は，その生活圏から考えると小中学生の段階では通学区域ととらえることが妥当であろう。

　地域社会における子どもの社会化は，「居住の近接性（地縁）を結合契機とする日常的な社会関係を通しての社会化」（住田 2010：7）という特徴をもつ。地域社会の中には年代の異なる多様な人々がおり，住田正樹はそれらの人々との関係を図11.1に示すように「子どもの居住生活関係」ととらえ，「仲間関係 ─ 同世代の他人との関係」「隣人関係 ─ 異世代の他人との関係」のいずれもが子どもの社会化に重要な役割をもっていると指摘している（住田 2001：41）。

　子どもは出生後しばらくの間は家族を生活の場とし，家族のもつ価値観に基づく社会化が行われるが，一定の年齢・発達段階にいたると家族の外に生活の場を広げていく。そこで出会う人のうち同世代の子どもとの関係は仲間関係ととら

第11章　地域社会と学校　135

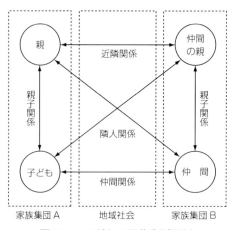

図11.1 子どもの居住生活関係
出所）住田（2001：41）

えられ，集団が形成された場合は仲間集団ととらえられる。子どもはこの中での生活・体験を通して「他人性の存在」を経験し，自己のパースペクティブを相対化させて自己中心性から脱却するとともに，自分たちがつくった規則を自主的に遵守することを身につけていく。隣人関係は家族以外の成人との関係であって，多様性と他人性を特徴とする。子どもはこの中での生活・体験を通して多様な人々が存在することを認識し，肯定的な関係から否定的な関係にいたる多様な人間関係を経験し，より普遍的な存在へと社会化されていく。これらはいずれも子どもが成長して参加するより大きな社会の一員として必要な資質を身につけていく過程であるととらえることができる。

　このように地域社会の中における仲間関係や隣人関係は子どもの社会化にとって大きな意味をもつが，現代日本においてその状況は大きく変化している。

　地域社会についてみるならば，現代的状況の下では生活をしていくうえで共同性の必要は増大してきているが，人々の生活圏は拡大して地域社会の中で直接共同することよりも，より広い範囲の間接的な社会的共同に依存する傾向が大きくなっている。また，生活圏の拡大は地域社会の中で生活し，共同するという意味での地域性を失わせることになっている。生活をしていくうえで地域社会に依存しなければならないことがなくなりつつあり，人々と地域社会の結びつきは失われ，地域社会内の人間関係も変化している。

　子どもと地域社会との関係も変化してきている。仲間関係・仲間集団についてみるならば，絶対的な条件としての少子化の進展，子どもの多忙化といわれる生活・生活時間の変化，特に地域社会の中で過ごす時間の減少などから子どもの仲

間関係・仲間集団が変化している。現代の子どもの仲間関係は限定的になっており，地域社会に基礎を置く比較的多人数の異年齢集団としての仲間集団が成り立ちがたくなっており，学校，特に学級に基礎を置く比較的少人数の同年齢集団としての仲間集団が多くなっている。一方，隣人関係についてみるならば，職業構造の変化，職住分離によって子どもの居住地域内で生活する成人が減少し，子どもは多様な隣人と接する機会をもつことができにくくなっている。こうした状況から，現代の日本社会においては，一般的な傾向として，子どもが地域社会の中で仲間関係・仲間集団や隣人関係を通して多様な他者に接し，それによって社会化されるという機能は失われつつあるといわざるをえない。

2．子どもに関する地域集団

　子どもとその社会化にとって地域社会の中で成立する仲間関係や仲間集団が重要な役割を果たすことは古い時代から経験的に認識されており，意図的に子どもの集団を組織し，子どもの社会化を促進しようとする取り組みも行われてきた。日本の伝統的な地域社会では，地域社会の統合を図り，機能を分担させるために住民を年齢段階によって区分された集団に所属させ，加齢とともにより上の段階の集団に移行していく仕組みがあったが，これを年齢階梯制といい，組織された集団を年齢階梯集団という。最も多く見られたのは青年男子の若者組であるが，子供組も各地に見られた。具体的な名称は地域・時代によって異なる（子供仲間，子供連中，稚児など）が，一定の年齢の子どもの集団を組織し，地域社会の一員としての位置づけを明確に認識させ，同世代間の人間関係を深め，地域社会の生活や行事に一定の役割を果たさせ地域社会の文化の伝承を目指すなど，地域社会の一員となるための社会化が行われていた（桜井　1948：135-141）。

　このような伝統的な年齢階梯集団の影響を背景として，現代においても子どもの社会化にとって地域社会における子どもの人間関係や集団が重要な役割を果たすという認識と，自然発生的な仲間関係・仲間集団が成り立ちがたくなっているという認識から，地域社会の中で子ども集団が数多く組織されている。地域

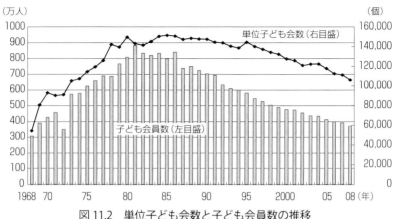

図 11.2 単位子ども会数と子ども会員数の推移
資料) 全国子ども会連合会編『2008年度 子ども会白書』より作成
出所) 石井 (2010：80)

　社会における子ども集団には多種多様なものがあるが，その成立基盤に注目すると，主なものとして，① 町内会・自治会などの地域集団に関連するもの，② 校外班など学校に関連するもの，③ 社会教育施設や児童館に関連するものがあげられ，さらに地域社会に基礎を置くスポーツ・文化団体も数多く開設されている。また，集団ではないが近年各地で設置されている「放課後子ども教室」や「プレーパーク」なども，それを基礎として子どもの人間関係・集団が成立する契機となっている。

　しかし，現代的状況として図11.2に示すように町内会・自治会を単位として構成される地域子ども会数・加入者数は減少し，図11.3に示すように子ども会に加入する割合も減少しており，石井久雄は「子ども会活動の縮小」といわれる状況が生じている反面，子ども会活動より学校以外の学習活動の増大が生じていると指摘している。石井はこのような傾向の原因として，① 私事化 ― 地域社会の関係に巻き込まれることなく家族だけの私的生活を満喫したいという傾向，② 消費社会化 ― 子ども会よりもわかりやすい成果指標をもつ塾や習い事を選択する傾向，をあげている（石井 2010：79-83）。

　地域社会の中で自然発生的な仲間関係・仲間集団が成り立ちがたくなってい

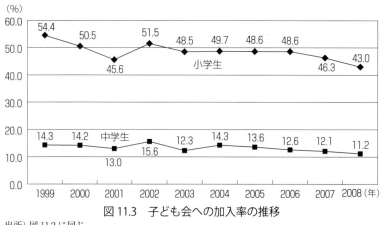

図 11.3　子ども会への加入率の推移

出所) 図 11.2 に同じ。

る状況を補うことを意図して，子ども集団を組織することは一定の意義をもつと評価できるが，自然発生的な仲間関係・仲間集団と意図的に組織され大人が介在する集団では，その中の人間関係のあり方が異なり，社会化の機能も異なることが注意されなければならない。自然発生的な仲間関係・仲間集団の中では子どもは独立した主体として判断し，行動しなければならず，そのような経験が社会化を促進するが，成人が関与する集団やその中での子どもの人間関係は性格が異なり，社会化の効果も異なってくる。このような点も考えたうえで，現代的な状況の下において子どもにどのような経験の場を用意することが求められていくのか考えていくことが実践的な課題となっている。

第 2 節　学校と地域の連携

1．地域学校協働本部

　学校は地域社会にとって重要な資源のひとつであり，同時に学校にとっても地域社会はさまざまな教育的資源を提供してきた。学校と地域の連携は古くから

提唱されているテーマのひとつであるが，近年でも学校と地域の連携の在り方が模索され続けている。学校と地域とを橋渡しする組織として，2008年度より設置されたのが「学校支援地域本部」である。この組織は，地域住民が学校に参画し，学校の教育活動を支援する組織として構想された。しかし，その名称が示すように，地域社会が学校を支援するという構図であり，地域と学校との連携や協働を前提としたものとなっていなかった。こうした問題意識を受けて提案されたのが，「地域学校協働本部」構想である。

　2015年12月，中央教育審議会は3つの答申を発表したが，そのうちのひとつが，「新しい時代の教育や地方創生の実現に向けた学校と地域の連携・協働の在り方と今後の推進方策について」である。この答申を実現するためのグランド・デザインとして，2016年1月には，「「次世代の学校・地域」創生プラン～学校と地域の一体改革による地域創生～」が発表された。その核となる目標は，「教育の目標やビジョンを，学校と地域が共有し一体となって子どもを育む『地域とともにある学校』への転換を図るため，全ての公立学校がコミュニティ・スクールとなることを目指し，学校と地域との組織的・継続的な連携・協働体制を確立する」である。

図11.4　コミュニティ・スクール

出所）文部科学省「コミュニティ・スクール（学校運営協議会制度）」
　　　（http://www.mext.go.jp/a_menu/shotou/community/）より。

コミュニティ・スクールとは，地方教育行政の組織及び運営に関する法律第47条の6に規定された，学校運営協議会を核とした学校を構想するもので，学校と地域とが協働しながら教育を進める制度のひとつである（図11.4参照）。2016年4月現在，幼稚園から高校まで，合計で全国に2,806校が設置されている。今回の答申やプランは，この制度をより拡充し，実質的に学校運営協議会に基づく学校経営へと公立学校を一本化することを目指したものである。

こうした構想を実現するための取組みが「地域学校協働本部」である。そこでは，専門的な知識・技術をもった人，高齢者，青少年団体，NPOなど，地域の多様な人材が，学校・教員とともに，子どもの成長を支えあう姿が想定されている。また，地域と学校の連携事業とは直接的な関連はもたないが，教員の長時間労働問題を受けて（第14章参照），部活動の外部委託化や部活動指導専門の指導員の配置などが目指されているが，こうした取組みにおいても，地域の人材の活用が想定されている。

2．コミュニティ・スクール構想の問題点

もし今回の答申やプランがそのまま実現されれば，地域と学校との関係は劇的に変化するだろう。特に，公立学校のほぼすべてをコミュニティ・スクール化することは，従来の学校経営等のあり方を大幅に変えることになる。逆にいうと，この制度のもつ課題についても十分に検証される必要がある。地域と学校の連携・協働という考え方自体に反対する人はあまりいないだろうが，制度の仕組みや参加の実態などに照らして，検討すべき課題は多々ある。ここでは特に，制度の担い手という観点から，その問題を考えてみたい。

第1に，形骸化という問題である。現在でも，PTA活動など保護者が教員とともに活動する仕組みはあるが，実質的に一部の人が長年にわたって切り盛りしている状態である。また，PTA活動について調査した藤井美保（2010）によると，その関心自体も非常に低調である。とりわけ，学校運営協議会のような，学校経営の根幹にかかわる重い役割を引き受けられる人や，関心がある人がどれほど

いるのか，定かではない。こうした場合，結局は，決まったルーティンを淡々とこなす，という機関になってしまう可能性がある。

第2に，偏向という問題である。高い関心を示し，重責を担う人がいたしても，一部の人が学校経営を長年担うことは，特定の人物や団体の意見によって学校経営が左右されることになりかねない。地域と学校の連携や協働の目的が，多様な人材の活用による学校の活性化にあるとするならば，特定の人物や団体への偏向はこの趣旨とそぐわない。そもそも，教育行政や教育経営は，個人の思想や価値に介入する危険性を常に有しているので，高度な政治的中立性が要求される領域である。教育行政が首長部局から独立し，教員の政治的行為が一定程度制限され，党派的な政治教育が制約されているのもこのためである。教育経営への特定の人物や団体への依存は，教育の根幹にかかわる問題であり，十分に注意する必要がある。

第3に，軋轢という問題である。これまで学校は，教育の専門家としての教員が，ある程度の自律性を保持しながら，その経営の中心を担ってきた。そこに保護者や地域住民が参画するということは，教育観や経験則などの違いから，さまざまな軋轢を生み出す可能性をもつ。一方で，教員がある程度の自律性や独立性，教員同士の同僚性を保持して，専門家として教育活動にあたることは学校教育にとっては不可欠であり，各アクターがどの程度自律性を保持しながら，価値や経験の違いを調整していくのか，という点を考慮しなければならない。この点は，さまざまな職種の専門家が協働して学校をつくり上げることを目指す「チーム学校」を組織するうえでも同様である。

第3節　学校選択制と学校統廃合

以上のように，地域と学校の連携・協働にはいまだ多くの課題があるが，そもそも，地域と学校の関係を分断するような試みも，同時並行的に進行している。それが，学校選択制と学校統廃合である。

学校選択制とは義務教育における通学区域制度を弾力化する試みであり，1990年代以降の規制緩和の流れの中で拡充されてきた。学校選択制が大きな広がりをもつきっかけとなったのは，2000年に東京都品川区で全区的に導入されたことである。その後，学校選択制を導入する自治体が数多くあらわれた（ただし，その後の経過の中で，学校選択制を廃止する自治体もあらわれた）。

　学校選択制を導入するメリットとして，永井輝雄（2006）は次の点をあげている。① 選択の機会の拡大，② 特色ある学校づくりの促進，③ 学校の活性化，④ 学校規模の適正化の4点である。そのほか，保護者の学校に参加する意識や協力する姿勢を高めるという点もよくあげられる。一方で，デメリットとしては，① 学校間格差と学校の序列化，② 学校と地域の関係の希薄化，③ 風評による学校選択，④ 小規模化による学校統廃合の危惧，⑤ 通学時の安全確保が困難，などがあげられている。そのほか，学校選択が保護者の階層と結びつくこと，学校内部はむしろ均質化することなども，デメリットとして考えられる。

　これらのうち，本章にとって最も問題なのは，学校と地域の関係の希薄化という点である。日本においては，通学区域制度の歴史の中で，学区を基準として，子どもの生活行動や地域諸団体の活動範囲が規定されてきた。したがって，学校選択制は地域における人々の行動様式に大きな影響をもたらしうるものである。同時に，行動面だけでなく，意識の面でも，学校は地域におけるある種の統合のシンボルである。学校のもつ，地域社会における象徴的な意味という点も見逃してはならない。

　学校と地域社会との関係の希薄化をもたらすもうひとつの現象が，学校統廃合である。学校統廃合とは，児童生徒数の減少や偏在により，適正な規模を保てなくなった学校が近隣の学校と統合することにより，もとあった学校を廃校にする措置のことを指す。廃校となった地域の住民にとっては，地域のシンボル的な存在を失い，また子どもの行動半径や住民の活動範囲にも影響を及ぼすという点で，地域社会にとって大きな問題である。

　過疎化などにともない，戦後日本では学校統廃合が繰り返されてきたが，1990年代以降は少子化という要因も加わり，都市部でも学校統廃合が進められた。さ

第11章　地域社会と学校　143

らに，国の財政赤字が拡大していく中で，行財政改革の一環として学校統廃合を進めようとする声が強くなるのも，90年代以降である。

　学校統廃合が実施されるのは，基本的には，学校教育法施行規則等で定められた標準規模・適正規模を下回った場合であるが，そもそも法令等で適正規模を定めているのは，小規模校にはデメリットが大きいと考えられてきたからである。たとえば，人間関係の固定化，子どもの対人関係能力や社会性の発達の阻害，学力の停滞，学校行事やクラブ活動等の実施が困難などである。しかし，山本由美（2005）によると，こうしたデメリットについて実証した研究はほとんど見当たらず，むしろ，子どもの発達面よりも，財政面の負担が最大のデメリットとなっているのが現状である。

　その一方で，統廃合によるデメリットは確実に存在する。たとえば，登下校時間の増大や通学路の安全確保の問題，災害時の避難拠点の喪失などがある。それ以上に問題なのは，小学校を中心に線引きされていた，子どもの生活や住民の活動が変更を余儀なくされるという点である。さらに，小学校や中学校の統廃合を機に，統合後の学校の近くへ移動する住民も多く，人口の流出という地域社会にとってはより大きな問題への引き金ともなる。このように，学校統廃合は地域社会全体にかかわる問題である。

おわりに

　子どもの発達にとって地域社会は，社会化エージェントとして大きな意味をもっている。そこで，地域と学校の連携が訴えられたりしているわけであるが，その一方，地域に学校そのものがなくなるような政策も同時に遂行されている。コミュニティ・スクールの拡充を目指すのならば，むしろ小規模校こそが，そのモデルとなりうるものである。子どもの健全な発達という学校教育の本義に立ち返って，地域社会と学校の関係も考えなければならない。

［高島　秀樹・東野　充成］

考えてみよう

1. 子どもの仲間集団の変化について考えてみよう。
2. 本章で取り上げたもの以外に，コミュニティ・スクール構想がもつ課題について考えてみよう。
3. 学校選択制や学校統廃合が実施された地域を調べて，それらがどのような影響をもたらしたのか，考えてみよう。

参考文献

石井久雄 (2010)「子ども育成組織活動の展開」住田正樹編『子ども社会シリーズ4　子どもと地域社会』学文社，74-87頁.

桜井庄太郎 (1948)『日本児童生活史 (新版)』日光書院.

住田正樹 (2001)『地域社会と教育 ― 子どもの発達と地域社会』九州大学出版会.

住田正樹 (2010)「地域社会と子どもの発達 ― 子どもの社会化の視点から」住田正樹編『子ども社会シリーズ4　子どもと地域社会』学文社，3-21頁.

住田正樹・高島秀樹編著 (2015)『変動社会と子どもの社会化 ― 教育社会学入門』北樹出版.

永井輝雄 (2006)「学校選択制」菱村幸彦編著『最新教育改革ここが知りたい』教育開発研究所，116-117頁.

藤井美保 (2010)「地域教育活動のゆくえ ― PTA活動の展開」住田正樹編著『子ども社会シリーズ4　子どもと地域社会』学文社，146-159頁.

山本由美 (2005)「学校選択で加速する学校統廃合」進藤兵・山本由美・安達智則編『学校統廃合に負けない！』花伝社，6-23頁.

Cooley, C.H. (1909) *Social Organization*, Charles Scribner's Sons. (=1970, 大橋幸・菊池美代志訳『社会組織論』青木書店)

MacIver, R.M. (1917) *Community : a sociological study*, Macmillan & Co. (=1975, 中久郎・松本通晴監訳『コミュニティ』ミネルヴァ書房)

第12章 階層・再生産と家族の教育的機能

keywords

家庭・家族の教育的機能　文化と階層　文化的再生産
ジェンダー　ペアレントクラシー

はじめに

　子どもたちが生まれてから最初に所属する集団は，多くの場合は家族である。家族は子どもたちにとって，生まれながらの教育的な環境でもある。それゆえに，子どもが「どのような家庭で，どのような親に，どのように育てられるか」といったことは，「どのような人間に育つか」といったことに大きく関わってくる。このような，親の属性を含めた家庭の環境，すなわち，家庭の「文化」は，そこで育つ子どもへと伝達され，出身家庭の文化を背負って学校教育へと参入していくこととなる。

　本章では，家庭・家族の教育的機能を説明するとともに，子どもたちが所属する家庭の文化が，学校教育をとおしてどのように子どもたちの将来に影響していくのかといったことを取り上げていく。

第1節　家庭・家族の教育的機能

　人間は他の哺乳類と比べて未熟な状態で誕生する動物である。たとえば，牛や馬の子どもは，生まれて間もなく自らの足で立ち上がり，母親の乳を吸うことができる。しかし，人間の子どもの場合，自らの足で歩くことができるまでになる

には，生まれてから1年ほどの時間が必要である。すなわち，人間の子どもが生きていくためには，世話をする養育者が絶対に必要であり，多くの場合，家族が養育者となる。スイスの動物学者であるポルトマン（Adolf Portmann）はこれを「生理的早産」とよんだ（ポルトマン 1961）。

　このように，人間の子どもにとって，家庭や家族は，生まれてから最初にかかわる最も身近な集団ということになる。子どもたちは，家族の中で養育者と親密な関係のもと，基本的な生活習慣や言語，社会における規範などを身につけていくことになる。第3章「人間形成と社会化」の中で説明されているとおり，家族は，人間が生きていくうえでの基本的な価値観や社会性，規範を身につける場，すなわち，基本的な社会化（第一次社会化）の場として機能しており，家族（養育者）はその担い手となる。

　とりわけ，家庭における第一次社会化の機能として重要なのが「しつけ」である。しつけとは，親または養育者が子どもに意図的に教え，子どもも意図的に学習するものであり，① 食事，排せつ，着替え，就寝，洗顔，持ち物の管理 といった基本的生活習慣の習得，② 親の言うことを聞く，兄弟や友達と仲良くするといった基本的な人間関係の育成，③ 言葉づかい，礼儀作法，お金の使い方といった社会的慣習への馴致といった機能がある。家庭の教育的機能とは，こうした第一次的社会化やしつけといった，子どもが家庭の中のみならず，外の社会で生きていくために必要な事柄を教えていくことである。そして，こうした社会化やしつけの内容は各家庭によって異なっており，そこには親や養育者自身の価値観や習慣・慣習といったものが反映されている。こうした親や養育者の価値観が反映された教育内容を含む家庭環境全体こそが，家庭の「文化」というものであり，子どもの社会化の主な担い手である家庭がどのような文化をもっている場所なのか，そこでどのような文化を背負っている人が社会化の担い手となり，どのような社会化がなされるかによって，子どもが身につける文化が決まる。冒頭で述べたとおり，「どのような家庭で，どのような親に，どのように育てられるか」といったことが「どのような人間になるか」ということに大きく関わり，そこで育つ子どもが学校や社会に出るまで，さまざまなかたちで影響し続けるのである。

第2節 文化と階層

1．文化と文化資本

さて，社会学で「文化」といった場合，ある特定の集団の中における環境や経験によって身体化され，蓄積された習慣や態度，価値観のことを指す。前述の家庭の「文化」といった場合も，その家庭で共有されている価値観や習慣，行動様式といったものであり，人がその集団に所属することで，学習し身につけていくものである。

こうした「文化」は，集団を構成する人々によって多様に分化している。そして，身につけた文化が当該社会で有利とされている文化に近いほど，その社会の中で成功しやすくなる。このように，人が身につけた「文化」があたかも有利な地位を手に入れる資本のように機能することから，「文化資本」とよばれている。

こうした文化資本は「ハビトゥス（habitus）」と一体化している。ハビトゥスとは，態度や慣習を意味するラテン語であり，人が社会化の過程で知らず知らずのうちに身につけたやり方・考え方・行動のパターンで，人の好みや趣味，ライフスタイルの違いとして発現するものである（田中 2003）。つまり，文化社会的環境の中でハビトゥスを身につけていく過程が社会化ということになる。

「文化資本」という概念を最初に提唱したのは，フランスの社会学者であるピエール・ブルデュー（Pierre Bourdieu）である。ブルデューによると「文化資本」とは，① 教育によって得た知識や，家庭環境や友人関係を通して「身体化」されたもの，② 家庭にある書籍や絵画，機械といった物質的な（「客体化」）されたもの，③ 学歴のように，本人の身につけた知識技能が社会的に認証（「制度化」）されたものの総体であり，経済資本のように定量化はできないが，社会生活において一種の資本として有利に機能させることができるもののことを指すものである（Bouredieu 1979＝1986：18-28）。

子どもは家庭の中で，親や養育者からこれらの文化資本を伝達されることに

なる。高い教養をもち，高学歴の親のもとで，高い（社会で有利な）文化資本を伝達された子どもとそうでない子どもの間には，学校教育の段階でさまざまな違いが表出する。それは具体的に学校生活の中のどのような点において起こるのだろうか。

2．学校教育と文化的再生産

ここでまず，ブルデューらによる，ある調査結果を紹介しよう。

ブルデューらは，フランス社会における格差がどのように形成されるかといった格差生成のメカニズムと正当化のプロセスについて，「教育」に注目して調査分析を行った。その結果，フランス社会においては，すべての人に「平等な教育機会」が保障されているにもかかわらず，大学以上の高等教育機関への進学者は中産階級の子どものほうが，労働者階級の子どもよりも圧倒的に多いことが明らかになった（Bouredieu & Passeron 1964=1997）。さて，ブルデューらの調査結果が物語るように，学校に通う機会も教育内容もすべて平等であるにもかかわらず，子どもの出身家庭の階級によって教育格差（学力，進路選択など）が発生するのはなぜなのだろうか。

ブルデューはこうした格差が生じる要因として，子どもたちの出身家庭のもつ文化的能力や文化的な財，すなわち，文化資本に格差があるためであると説明した。学校などの教育システムにおける論理は中産階級のハビトゥスに近いという傾向がある。たとえば，学校の教員のほとんどは大卒である。また，教育システムの政策に関わっている役人も多くは大卒である。このように，学校という場は，万人に平等な教育機会と教育内容を提供している一方で，大卒の価値観や論理でシステム化され，教育実践が行われている場でもある。そうなると，教員のもっているハビトゥスと近いハビトゥスをもっている子どもたち，すなわち，中産階級の家庭出身の子どもたちは，学校における文化になじみやすく，その結果，学業においても成功しやすくなる。このように，文化資本の差は，学校教育の中で学業達成の差という形になって卒業後の進路に影響し，さらには将来の

第12章　階層・再生産と家族の教育的機能　　149

職業へと影響していくことになる。このように，親の階層が家庭の文化としてあらわれ，子どもの教育達成を媒介して子どもの将来の階層を決定し，結果として親と同じ階層となる。このメカニズムをブルデューは「文化的再生産」とよんだ。

3.「言語コード」による再生産

　もう一つ，学校における再生産の理論にイギリスの社会学者であるバジル・バーンスティン (Basil Bernstein) の「言語コード論」がある。

　バーンスティンは，労働者階級の子どもの教育達成の低さや大学進学後の留年，休学，退学といった不適応問題に際し，イギリスの子どもを対象に調査を行った。その結果，同じ英語という言語を使用していても，労働者階級の子どもたちと中産階級の子どもたちとでは，言語の表現方法や形態 (コード) が異なることが明らかとなった。

　労働者階級の子どもたちの言語は，特定の集団や同じ状況を共有したもの (仲間うち) にのみ通用するような言葉の使い方であることが多く，これを「限定コード」(restricted code) という。一方で，中産階級の子どもたちの言語は，限定コード的な言語も使用するが，並行して文法に忠実で，幅広い集団の間に通用するような説明的で抽象的な言語を使用しており，これは「精密コード」(elaborated code) とよばれる。学校の授業や教科書では精密コードの言語のみが認められているため，限定コードになじんでいる労働者階級の子どもたちにとっては，先生の話し方や考え方，教科書の文体が，ふだん自分たちが使っている言語コードと異なるため，学業達成の側面から考えると非常に不利になる。一方，学校の論理や学校文化になじみやすい文化資本をもった中産階級の子どもたちは，日ごろからなじんでいる言語コードで学校生活を送ることができるため，学業達成に結びつきやすく高等教育進学率も高くなる。その結果，労働者階級の子どもたちは労働者階級へ，中産階級の子どもたちは中産階級へと水路づけられ，階層の再生産が生じることになる。

　このように，階層によって家庭における教育のあり方は異なっており，子ども

の文化資本の獲得に影響を及ぼしている。学校教育は，基本的に中産階級以上の論理で構成されているため，中産階級以上の家庭出身の子どもたちにとっては学校での成功が得られやすいが，それ以外の階層の子どもたちにとっては不利になりがちである。さらに，学業達成と職業達成は密接な関係をもっているため，学校教育で成功しやすい中産階級の子どもたちは中産階級へ，それ以外の階級の子どもたちは労働者階級になりやすいといったメカニズムが働いている。このように，平等の装置であるはずの教育システム＝学校が，既存の階層構造を再生産し，強化してしまうといった「意図せざる結果」を生んでいるのである。

４．文化資本とジェンダー

　家庭，学校における教育を通じた文化資本の諸相の一つとして，ジェンダーによる違いが挙げられる。

　日本においては，これまでにも，教育達成のメカニズムには男女差があることが指摘されてきた。社会学者の片岡栄美は，1995年度の大規模社会調査であるSSM調査を用いた分析によって，日本における教育達成メカニズムが男女によって大きく異なることを明らかにした。男女間においては，特に女性の「幼少時の文化的経験（＝幼少期の文化資本）」の影響の強さと，男性の「学校外教育投資」の影響の強さが特徴的となっている。いずれも親の学歴が高いほど「幼少期の文化資本」や「学校外教育投資」は多くなり，それを媒介として子どもの成績や学歴が決定されるというプロセスとなっている（片岡 2001）。つまり，女子は文化資本，男子は経済資本の多寡が，後々の学業達成や進路選択に影響しているということである。また，親が高学歴である場合，高い文化資本をもっている家庭であることが多いため，文化資本の高い家庭の子どもほど，子どもに高い文化資本や経済資本を受け渡すことが可能となり，結果として子どもも高い教育達成を成し遂げて，親と同様に高学歴を得ることが可能となるのである。このように，文化的再生産は日本社会においても起こっており，そこにはジェンダーによる再生産のメカニズムの違いが存在している。

さて，女子のほうが文化資本の影響を受けやすいという背景については，女性を取り巻く社会状況の変化によって変化してきている。以前は，女子においては家族による文化資本伝達の戦略が，結婚市場において，より地位の高い男性のパートナーとして認められるという点において有効な戦略となっていることが指摘されてきた。つまり，親は娘に対して，学業達成よりも将来少しでも良い条件の結婚ができるようにとの思いで，さまざまな習い事や礼儀作法などを教えてきた。しかし，近年においては，女子が獲得した文化資本は，学歴獲得市場においても有効な戦略とみなされるようになってきている。すなわち，女性において，親から与えられた文化資本は，学校文化と結びつくことによって，女性の学校での成功という収益をもたらすだけでなく，結婚市場でも高い学歴をもち，安定した職業に就いている相手との出会いの機会を広げる。そして，結婚後には配偶者の高い経済資本へと転換され，女性自身の地位上昇という収益を生み出す重要な資源となっているというのである（片岡 2001）。さらに，2000年代以降においては，女子の「子ども時代の"文化資本"」が「大学における勉学活動」に強く影響していることが明らかにされており，大学進学後の勉学活動によって身についた知識が女性の社会進出にともない，労働市場においても有効な資源となり得るものであることが指摘されている（谷田川 2010）。

　このように，女性のライフスタイルの変化によって，文化的再生産のメカニズムには少しずつ変化が生じてきているが，いずれの時代においても女子にとって，幼少期の「文化資本」がその後のライフコースに与える影響は大きいものと考えられる。

第3節　ペアレントクラシーの時代

1．メリトクラシーからペアレントクラシーへ

　これまで説明してきたように「どのような家庭で，どのような親に，どのよう

に育てられるか」といった家庭の教育環境は，文化資本というかたちで子どもに伝達され，子どもの将来の社会的地位にまで影響を及ぼすものである。近年において，学力獲得における家庭の文化資本と経済資本の影響力の大きさについての研究が進み，日本において「ペアレントクラシー」とよばれる現象が起こっていることが指摘されている。

　ペアレントクラシーとは，イギリスの教育社会学者であるブラウン（Phillip Brown）が提唱したもので，業績主義を指す「メリトクラシー」（第1章参照）に対するものとして名づけられたものである。メリトクラシーが「（子どもの）能力＋（子どもの）努力＝業績」であるならば，ペアレントクラシーは，「（家庭の）経済力＋（親の）嗜好＝選択」である（Brown 1995＝2005：615）。子どもの教育達成は，以前の時代であれば，本人の能力と努力によって得られるものであったのが，近年においては，親が子どもの教育に熱心で，早期から子どもの教育選択を行うことが子どもの教育達成に影響するというものである。ブラウンによると，2000年代はメリトクラシーよりもペアレントクラシーの時代になってくるという。

　ペアレントクラシー社会の何が問題かというと，教育機会の平等性が揺らぐということである。文化的再生産もそうであるが，ペアレントクラシーも子ども自身がどうすることもできない，家庭の財力や親の考え方といったものによって，就学前にある程度，教育達成への到達度が規定されてしまうといった点が問題となる。すなわち，機会の平等性が担保できなくなってしまうということである。メリトクラシーであれば，少なくともスタート時点での機会は保障され，個人のもっている能力に差があるとはいえ，本人の努力をどれだけ足していくかということで，子どものモチベーションは維持することができる。しかし，ペアレントクラシー社会になってしまうと，努力をしても仕方がないということになってしまい，家庭の財力や親の熱心さに恵まれない子どものモチベーションは維持しづらくなる。そうすると「持てるもの」と「持たざるもの」の格差は開く一方という現象が起こってしまい，格差の拡大を後押しすることになってしまう危険性があるのである。

第12章　階層・再生産と家族の教育的機能　　153

2．日本におけるペアレントクラシー

　では2000年代の日本において，ペアレントクラシーはどの程度，起こっているのかについて見てみよう。教育社会学者の耳塚寛明らが2003年から2004年にかけて，家庭の経済的・文化的環境として父親の職業や母親の学歴などの要因を設定したうえで，子どもの学力を規定する要因の分析を行った結果，どのような属性の子どもが学力を獲得するかというと，① 家庭の学校外教育費支出（通塾などにかけるお金），② 保護者の子どもに対する学歴期待，③ 世帯所得，が多い家庭出身の子どもが高い学力を獲得しやすいということが明らかになった（耳塚2007a, 2007b）。この学力を規定する3つの要因は，ブラウンが示したペアレントクラシーの「（家庭の）経済力＋（親の）嗜好＝選択」にそのまま当てはまる。つまり，2000年代の日本において，ペアレントクラシーは起こっていることが実証的に明らかになっているのである。

　このデータからは，親の学歴，家庭の収入，通塾の有無によって，小学校6年次の算数の学力の平均点数に大きな差があり，親の学歴が高いほど，家庭の収入が高いほど，通塾している子どもほど，平均得点が高いことが示されている。加えて，子どもの「努力」の程度が同じだった場合，たとえば，同じ家庭学習時間の子ども同士であれば，家庭の所得によって成績に差が出ないのではないかと考えられるのであるが，図12.1に示したとおり，同じ家庭学習時間であっても，家庭の所得が高いほど，高い得点を取っていることがわかる。

　つまり，高い学力を獲得できるかどうかには，子どもの努力よりも家庭の所得の影響のほうが強くなってしまっているということになる。家庭の所得が高いということは，それだけ稼ぐことのできる高学歴な親である可能性が高く，親自身も高い文化資本を身につけているものと推測される。また，親自身も勉強するということに親和的であったと考えられるため，子どもに対しても自然と勉強に向かわせる習慣を身につけさせたり，環境を整えたり，通塾や教材に投資したりしているものと思われる。それゆえに，同じ時間を費やして勉強していたとしても，子どもの成績に差が出てしまうものと考えられるのである。

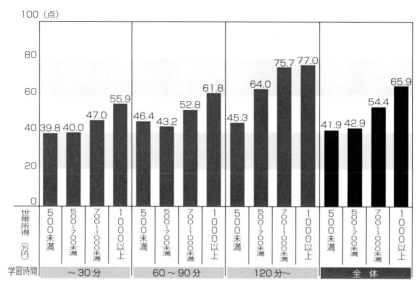

図 12.1　家庭学習時間別・世帯所得別の算数学力平均値（JELS2003）
出所）耳塚（2007b：2）

　このように，近年においては，より一層，「どのような家庭で，どのような親に，どのように育てられるか」といったことに，子どもの将来が左右されやすい社会になってきているのである。

おわりに

　近年においては，家庭における社会化とその結果，子どもが身につける文化資本によって，子どものライフコースが決定づけられやすい社会になっている。それでは，個々の家庭で教育力を増大させれば，子どもたちは少しでも有利な人生を送ることができるようになるのだろうか。単純に考えるとそのような結論に至りがちである。しかし，このことは裏を返せば，親の階層や家庭の文化資本といった，子ども自身ではどうしようもない属性によって，将来が決められてしま

うということを容認してしまうことにつながる。一方で，家庭教育の重要性を強調しすぎてしまうことは，子どもを育てる母親にとっても，精神的にも物理的にも大きな負担を強いてしまう。このような社会において，学校の教員として，大人として，われわれに何ができるのかを考え続けることが重要なのではないだろうか。

［谷田川 ルミ］

考えてみよう

1. なぜ，平等な教育機会が保障されている社会において，教育格差が発生するのだろうか。階層と再生産の観点から考えてみよう。
2. 学校の中において，階層の再生産につながってしまうような物事はあるだろうか。かんがえてみよう。
3. ペアレントクラシー社会において，学校の教員として学力格差を縮小するためにできることは何だろうか。現在行われている学力格差縮小への取組み事例を調べたうえで，自分たちのアイディアをまとめてみよう。

参考文献

アドルフ・ポルトマン著，高木正孝訳 (1961)『人間はどこまで動物か ― 新しい人間像のために』岩波新書.

片岡栄美 (2001)「教育達成過程における家族の教育戦略」『教育学研究』第 68 巻第 3 号，日本教育学会，259-273 頁.

田中智志 (2003)『教育学がわかる事典』日本実業出版社.

耳塚寛明 (2007a)「小学校学力格差に挑む ― だれが学力を獲得するのか」『教育社会学研究』第 80 号，23-29 頁.

耳塚寛明 (2007b)「学力格差と「ペアレントクラシー」の問題 ― 教育資源の重点配分と「底上げ指導」を」『BERD』No.8，ベネッセ教育総合研究所 HP，http://berd.benesse.jp/berd/center/open/berd/backnumber/2007_08/fea_mimizuka_01.html（2017 年 12 月 30 日閲覧）.

谷田川ルミ (2010)「子ども時代の経験が後年に及ぼす影響 ― 大学生から見る勉学文化の連続性に注目して」『子ども社会研究』16 号，日本子ども社会学会，45-58 頁.

Bouredieu, Pierre & Passeron, Jean Claude (1964) Les héritiers : les étudiants et la culture, Le Edition de Minuit.（= 1997，戸田清他訳『遺産相続者たち ―

学生と文化』藤原書店).

Bouredieu, Pierre（1979）*Les trois etats du capital culturel.*, Actes de la Recherche en Science. Sociales.30.（= 1986, 福井憲彦訳「文化資本の三つの姿」『アクト』1, 18-28 頁).

Phillip, Brown.（1995）*Cultural Capital and Social Exclusion.*, Work, Employment and Society, vol.9：29-51.（= 2005, 稲永由紀訳「文化資本と社会的排除」ハルゼー, A. H.他編, 住田正樹他編訳『教育社会学 第三のソリューション』九州大学出版会, 597-622 頁).

第13章

社会変動と教育

keywords

シティズンシップ　国民国家　人間開発　ESD

はじめに

　教育や発達という営みは，決して真空中でなされるわけではない。その時々の社会や文化の影響を如実に受ける。同時に教育は，社会や文化を変革する手段ともなりうる。教育を通して子どもたちは先行世代がつくり上げてきた知識や技術，価値，規範，文化などを受け継ぐとともに，それらを組み替えたり，壊したりしながら，新しい知や文化をつくり上げていく。こうした永続的な営みの中で，人間は社会や文化を築き上げてきた。

　現代社会は，情報化，グローバル化，都市化，少子化など，さまざまな言辞によって形容されているが，なかでも情報化とグローバル化の進展は教育にも多大な影響を与えている。その側面はさまざまであるが，確実に言えることは，これまで自明とされてきた共同体の境界が流動化し，「見知らぬ他者」と容易につながりあえる時代をわれわれは生きているということである。これは逆にいうと，文化や価値の相違から容易にコンフリクトが出来する社会でもある。そこで，ひとりの市民として他者とどう関係を取り結ぶのかが問われている。そうした市民としてのあり方を問うのがシティズンシップである。

　シティズンシップとは「ある共同社会（a community）の完全な成員である人々に与えられた地位身分（status）」であり，市民的，政治的，社会的の3要素が内包されている（Marshall & Bottomore 1992=1993）。こうした市民性を育成し，共同体での他者との関係の取り結び方を問う教育がシティズンシップ教育である。

その点で，情報化やグローバル化といった社会変動とシティズンシップ教育は密接に結びついている。本章では，シティズンシップをキーワードに，社会変動と教育の関係について考える。その際，情報化とグローバル化がもたらす共同体の流動化に着目する。

第1節　情報社会と教育

1．メディアと教育の相克

　メディアとは情報を伝達する媒体という意味であり，およそあらゆるものがメディアとして成立する。情報のやり取りを通して社会を形成してきた人間の生活はメディアの存在抜きには語れない。しかしながら，メディアという言葉の意味を広くとらえ過ぎてしまうと，教育とメディアとの関係が逆に見えにくくなってしまう。ここでは，一般的な用法に従って，文字，音声，画像，映像などの情報を伝える手段としてメディアを位置づける。特に現代社会は，コンピュータ技術やネットワーク技術の発展により情報の保存・加工・発信が簡便化し，また情報のもつ価値が生活の中で極大化している。こうした社会を一般に情報社会とよんでいる。

　メディアと教育とのかかわりはさまざまな場面で存在するが，あらゆるメディアが教育の現場にすんなりと受け入れられてきたわけではない。特に，新たに社会に登場したメディアに対しては，教育を標榜する側から激しい攻撃が加えられることもしばしばあった。たとえば，1950年代に各地のPTAや母親の会を中心として悪書追放運動が展開されたが，これは当時市民権を獲得しつつあった漫画に対する教育界からの激烈な攻撃である。漫画に対して規制を求める動きは，90年代の有害コミック問題，2010年代の非実在青少年問題など，その後も間欠的に生じる。テレビゲームやネットワーク機器が普及し始めたころも，子どもや若者への影響が社会問題化された。

こうした風潮を藤村正之 (1998) は「メディア悪玉論」とよんでいる。すなわち，メディアは子どもや若者の発達に悪影響を及ぼすとしてそれを敵視し，また子どもや若者をめぐって何か問題が起こった際にはメディア環境に帰責する論調である。しかし，メディアと人間の発達との関連を科学的に把握することは極めて難しい。人間の発達や社会化は複雑な過程を経て進行するものであり，メディアのみの影響を取り出すことはほとんど不可能だからである。すべての道具と同様にメディアも，その利用の仕方如何によって，教育上好ましい影響も好ましくない影響も与えうる，というのが妥当なところだろう。

メディアと教育の関係は，一種のヘゲモニー争いと位置づけられる。ヘゲモニーとは覇権や支配権を意味する言葉で，教育という場でどのメディアが支配権を得るのかという争いである。とりわけ新しいメディアが社会に登場し市民権を得ようとするとき，教育界はそれを拒否したり，排斥を加えようとしたりする。ところが，ひとたび当該メディアが社会の中で市民権を得ると，教育はむしろそれらを実践の中に取り入れようとする。メディアと教育の関係は，排斥と受容を繰り返しながら今に至っている。

2．メディアがつなぐ対人関係

メディアが子どもの発達にどのような影響を及ぼすのか，科学的に判断することは難しいが，たとえば日本小児科学会 (2004) は次のような警鐘を鳴らしている。「乳児期からのメディア漬けの生活では，外遊びの機会を奪い，人とのかかわり体験の不足を招きます。実際，運動不足，睡眠不足そしてコミュニケーション能力の低下などを生じさせ，その結果，心身の発達の遅れや歪みが生じた事例が臨床の場から報告されています」。この警告の趣旨はメディアそのものの影響というよりも，メディアに接する時間が生活の大部を占めることで，その他の経験が奪われることに注意を喚起するものである。確かに，現代の子どもの生活において，メディアは重要な役割を果たしている。その点が端的にあらわれるのが，対人関係の領域である

子どもの世界においては，特定の時期に特定の遊びやキャラクターなどが大ブームとなる。そうしたブームはたいていメディア・ミックス戦略によってつくり上げられたものだが，その知識や技術を豊富に有し，商品を多量にもつ子どもは，仲間集団内において地位を確保することができる。逆に，そうしたことに疎い子どもは，対人関係の形成が困難になることもある。つまり，特定のメディアへの接触の多寡や精通度合いが，対人関係を形成できるかどうかのメディア＝媒体となっているのである。

　また，ネットの利用目的はさまざまであるが，中高生を中心とする子どもたちにとっては，まずもって他者とつながりあうことが大きな目的のひとつとなっている。情報社会に生きる子どもたちにとって，メディアは対人関係を断ち切るものではなく，メディアこそが対人関係を形成するものなのである。したがって，そこでの問題は対人関係の希薄や孤立ではなく，むしろ「つながりやすいがゆえの問題」といえるのではないだろうか。この点を土井隆義 (2008) は「友だち地獄」という言葉で表現している。すなわち，つながりが断ち切られるのを恐れ，その場の空気を読み続けなければならない現代の子どもたちの窮屈な人間関係である。

　いうなれば，ネットワーク機器の発達と普及によって，相互に監視しあうような人間関係を形成しているわけである。「いつでも，どこでも，誰とでもつながれる社会」は，「いつでも，どこでも，誰かから見られている社会」と同義である。そしてこの「誰か」は仲間内だけではない。子どもたちの行動は，ネットワーク技術を媒介とすることによって，より広い社会からのまなざしにもさらされている。SNS 上で発信した悪ふざけが瞬く間に拡散し非難が集中する現象がたびたび起こるが，発信した本人は仲間内の「ノリ」や「おふざけ」で行っているだけなのかもしれない。だが，仲間集団外への情報の流出を完全に断ち切ることはできず，特定の行為が「外部」からの批判の俎上に乗せられていく。このように，情報社会における子どもの生活は，仲間集団の内からも外からも，不特定多数の「誰か」の監視にさらされている。

第 13 章　社会変動と教育　　161

3．情報社会における教育の課題

　情報社会の最大の特質は，誰もが情報の送り手となることができ，見ず知らずの他者と簡単につながれるようになったことである。いま述べたように，このことが子どもたちにある種の閉塞感や束縛感をもたらしていることも確かであるが，同時にこの特質は，教育上非常に大きな可能性も秘めている。

　これまで，子どもたち自身が大人の介入を経ずに自分の考えなどを表現する機会はそう多くなかった。しかし，ネットワーク技術の発展と普及，そして操作の簡便化は，「表現者としての子ども」を社会の一角に出現させた。双方向型のコミュニケーション・ツールを用いて誰もが簡単に自らの意見や考えを一瞬で世界中に発信できる。そもそも情報を発信する手段や機会をあまり有さなかった子どもたちにその機会が与えられたという点だけでも，教育上の大きな資源を手に入れたことになる。それは単に情報機器の操作能力や表現力の育成に寄与するだけでなく，情報の発信とそれへのレスポンスを通して，さまざまな価値観や考え方，経験，文化などを体験する機会を提供するものでもある。同時にこの効用は，教育上の課題とも直結している。

　情報社会における教育を考える際，よく用いられる概念のひとつにメディア・リテラシーというものがある。リテラシーとは単純にいうと読み書き能力のことで，メディア・リテラシーとはメディアによって伝えられる諸種の情報を読み解き，またメディアを通して何らかの情報を表現できる能力ということになる。現代は，マス・メディアがメディアの中心だった時代に比べて，身の回りに流通する情報量は格段に増大している。その中には，事実誤認，偏見や憎悪，根拠のない憶測なども多数混ざっている。マス・メディアも時に事実の捏造や根拠・論拠のない報道をし，倫理的に問題のある情報を発信する。こうした玉石混交の「情報の洪水」とでもいうような社会の中で，いかに情報を取捨選択し活用していくのか，その能力の育成が求められている。

　それは同時に，適切な情報を適切な機会に適切なメディアを通して適切な表現で発信できるのか，という情報の表現能力の育成という課題とも結びつく。自

分の発信した情報が不特定多数の目にさらされうるということを想像できる表現能力である。したがって，メディア・リテラシー教育においては，その土台として，メディアを用いるうえでの規範の習得が欠かせない。たとえば，プライバシー，著作権，名誉など他者の権利を侵害しないこと，他者の権利を侵害するような情報を批判的に受容できること，つきつめれば，こうした人権尊重の姿勢，健全な市民のひとりとして「見知らぬ他者」の人権を守りながら表現を通して社会へ参画するシティズンシップ性こそが，情報技術の進展ともない共同体の境界が流動化する社会において，メディア・リテラシー教育として求められるものである。

第2節　グローバル社会と教育

1.「国家と教育」のゆらぎ

　情報化と並んで，現代の教育に大きな影響を与えているもののひとつに，グローバル化がある。グローバル化を一言で定義することは難しいが，ネットワーク技術やメディア，交通の飛躍的な発展により，世界規模で短時間のうちにヒト・モノ・かね・情報が往来する世界的な構造変動の過程といえるだろう。グローバル化は政治，経済，社会，文化などさまざまな局面で大きな影響を与えているが，教育に対しても例外ではない。しかもそれは，政治や経済等における構造変動と相互作用し，複雑な過程を描く。さらに，グローバル化が教育に与える影響は，国家の教育システムのレベルから個人の選択や志向のレベルまでさまざまな水準に及んでいる。グローバル社会における教育は，こうした複眼的な視点から読み解くことが不可欠である。

　そもそも，近代教育と近代の国民国家とは分かちがたく結びついている。ヨーロッパで公教育制度が普及するのは19世紀のことであるが，特に内戦や戦争を体験した国々は，権力の中央集権化，経済発展，国民的なアイデンティティの確

立を急ぎ，国民の統合に向けて公教育制度の確立に尽力した（越智 2006参照）。日本でも，明治維新，太平洋戦時下，高度経済成長期など，国力の増強が志向される際，教育の普及・発展に並々ならぬ力が傾注された。教育は国家と国民とを，あるいは国民と国民とをつなぐ橋頭堡であり，近代国家は教育を巧みに利用し，国民国家の統合を維持してきたわけである。

　しかし，グローバル化の潮流は国民国家という体制自体にくさびを打ち込む。国民国家とは「国家主権がその国に帰属する不特定多数の市民の手にある主権国家」であるが，この国民国家の幻想性を提起したのがベネディクト・アンダーソン（Benedict Anderson）である。アンダーソンによると，国民国家とは，実際には不平等と搾取があるにもかかわらず，常に水平的な深い同志愛として心に描かれた想像の政治共同体のことを指す。「想像の共同体」たる国民国家を成立・維持させるためには，自分はその国の民であるという国民的アイデンティティを抱かせることが不可欠なのである（Anderson 1983=2007）。

　そこで，教育が重要な役割を果たすことになる。すなわち，国民として国家が必要と考える知識や技術をカリキュラムとして公定し，学校を通して全国一律に子どもに伝達する。たとえば，多くの近代国家では公用語や標準語を制定し，「国語」という科目を設定することによって，言語の統一を図ろうとする。言語はアイデンティティの基盤であり，また同国人同士のコミュニケーションの基礎である。国民国家における国民的アイデンティティおよび国民同士のコミュニケーションを可能にする「国語」を普及させるうえで，学校教育はメディアと並んで多大な役割を果たした。このように，国民国家の形成・発展と公教育とは分かちがたく結びついてきたわけであるが，グローバル化の進行はこの関係にくさびを打ち込むこととなる。

　個人にとって教育を受ける目的のひとつは，経済社会を生き抜くためのキャリア形成である。国家や社会から見れば，国際競争を勝ち抜き経済発展に寄与する生産性の高い経営者や労働者を養成することが教育を授ける大きな目的のひとつとなる。経済がグローバル化するとき，個人は世界で通用するスキルを身につける必要があり，国家は世界的な競争に勝てる人材を育成する必要がある。こう

164

して，求められる知や能力も一国内の枠組みから変質し，国際標準化する。

　むろん，教育の目的は個人のキャリア形成や経済的に有用な人材を育成することだけではない。社会が抱える課題を発見し，それを批判的に検証し，より良い社会を築いていこうとする態度や志向，そのためのスキルを培うことも教育の重要な目的である。こうした実践がシティズンシップ教育である。そして，現在の社会的な諸課題は国内問題にとどまるものではない。環境，食糧，エネルギー，戦争，テロ，人種，民族，宗教，マイノリティ，貧困，ジェンダーなど，どの問題であっても世界の動向と連動している。ローカルな問題が国民国家という枠を超えて，またグローバルな問題がローカルな問題へと直結する時代をわれわれは生きている。

　このように，現代社会においては，国民国家という枠内だけで教育を規定することには無理がある。むろん，ある国が提供する教育がその国の社会や文化のあり方と密接に関連することは否めない事実であるが，同時に現代社会においてはグローバルな文脈で，すなわち国民国家の境界のゆらぎの中で，教育制度や教育内容がどう形づくられているのかを確認することも必須である。その際に鍵となるのが，シティズンシップという概念である。

2．人間開発の教育と持続可能な開発のための教育

　グローバル化は，これまで交わることのなかった文化や宗教をもった多様な人々と出会うことを容易にする。それは同時に，文化や宗教をめぐるコンフリクトが容易に出来するということでもある。グローバル化の波は，われわれが慣れ親しんだ文化，価値，生活などの枠組みを変化させる。こうした変動過程においては，それに対抗する動きもまた生起する。世界中で興隆するナショナリズムの復権を訴える動きや，独自の民族的・文化的・宗教的アイデンティティへの回帰を志向する動きは，グローバル化の一局面としても理解することができる。

　それぞれの国家，民族，文化，宗教にはそれぞれの歴史やアイデンティティがあり，それらを墨守し次世代へと継承することは非常に大切な営みである。問題

は，こうした伝統への志向が原理主義と化し，他の文化や民族等に対して排除の志向や排外的な動き（ショウビズム）として表れるということである。そして，こうした排除の圧力によって最も大きな被害をこうむるのは，子ども，女性，難民，移民，貧困層，病者，障害者といった最も弱い立場に置かれた人々である。逆に，こうした立場の人々に，グローバル社会において生き抜く力を涵養すること＝エンパワーメントすることができれば，世界を変えうる原動力ともなる[1]。

　そこで，人間開発という概念が重要となる。人間開発とは UNDP（国連開発計画）によって提唱された概念で，「教育，健康，所得，雇用に対する人々の機会を拡大し，安全な物理的環境から経済的・政治的自由に至るまでのすべての範囲において，人々の選択の幅を広げる過程」（UNDP 1992）と定義される。ここでは，単純な経済開発ではなく，いかにして人々の自由を確保できるのかが問われている。圧政や抑圧に苦しむ人々の自由の確保こそが，人間開発の最終的な目標となる。

　こうした概念は，一見，自由で公平な社会を達成したかに見える，経済先進的な民主主義国家においては無関係であるかのようだ。しかしながら，先進国とよばれる国のひとつに住むわれわれこそ，こうした概念についてより強く意識する必要がある。

　その理由は第 1 に，先進国が中心となって運営する国際機関の積極的な関与や国際協力なくしては，人間開発そのものが成り立たないからである。とりわけ，こうした国際機関を支え，人間開発の土台となる市民の育成が求められている。そうしたシティズンシップ教育の一環として近年注目を集めているのが，ESD（Education for Sustainable Development）である。一般に「持続可能な開発のための教育」と訳されることが多い。

　ESD は 2001 年 9 月に南アフリカで開催された「持続可能な開発に関するサミット」で提唱され，同年 12 月の国連総会では，「国連・持続可能な開発のための教育の十年」（DESD）が採択された。ESD とは，環境に対する鋭敏な認識を育てることを基軸としつつも，それにとどまらず，新しい社会秩序をつくり上げていく，地球的な視野をもった市民の育成を目指す教育である。環境問題と貧困問

題や人権問題などとが分かちがたく結びつくグローバル社会において，地球規模の公平で自由な社会の実現に向けた人間開発の教育のひとつである。特に，環境やエネルギーにおいて途上国への大きな負荷をかけている先進諸国の市民こそ人間開発の主力のエージェントであり，ESD は必要とされる。

　第2に，人間開発の問題は決して途上国内の問題にとどまるわけではないからである。むしろ，途上国の問題がクローズアップされることで，先進国とされる国々の中にある格差や不平等，自由の抑圧が隠蔽されること，あるいは先進国の振る舞いによって途上国に抑圧を強いていることが隠蔽されることのほうが危険である。格差や貧困は単に経済的な問題にとどまるものではなく，政治参加や社会参加の機会の制限とも結びついており，市民的自由にかかわる問題でもある。こうした諸問題を考えていくうえでも，人間開発や ESD といった概念は有用なものである。

おわりに

　情報化とグローバル化は一見，無関係な概念のように感じられる。しかし，情報化とグローバル化は連動し，さまざまな領域や水準に影響を及ぼしあっている。その際，本章では特に「共同体の流動化」という作用に着目した。情報化もグローバル化も，これまでリジッドに固定されてきた共同体の枠組みを流動化させる社会変動である。すなわち，さまざまな文化や価値が交錯，混交する社会をわれわれ自身がどのように生きるのか，そしてどのような次世代を育成するのかが問われているのである。

　その際に鍵となるのが，シティズンシップという概念である。自身の言動や振る舞いが世界と結びついているという想像力を土台に，面と向かって話すことはないかもしれないが，「自由で平等な個人」が旧来の共同体の枠を超えて結びつく中で世界が構成されていることを理解でき，社会へと参画できるか。情報化やグローバル化といった社会変動下で求められるのは，こうしたシティズンシップ性を育てる教育である。

［東野　充成］

第 13 章　社会変動と教育　　167

考えてみよう
1. 情報化が教育に与えた影響について考えてみよう。
2. グローバル化は知や能力に対する考え方をどのように変化させているか，考えてみよう。
3. シティズンシップ教育の実践を調べたうえで，今後のシティズンシップ教育のあり方について考えてみよう。

注
1) 2014 年のノーベル平和賞受賞者であるマララ・ユスフザイが国連演説で述べた「1 人の子ども，1 人の教師，1 冊の本，そして 1 本のペン，それで世界を変えられます」という言葉は，教育のもつ可能性を端的に示している。

参考文献
越智康詞（2006）「グローバリゼーションと教育の地殻変動」『近代教育フォーラム』No. 15, 103-117 頁.

土井隆義（2008）『友だち地獄』ちくま新書.

日本小児科学会（2004）「『子どもとメディア』の問題に対する提言」(http://jpa. umin.jp/download/media/proposal02.pdf. 2018 年 2 月 1 日閲覧)

藤村正之（1998）「メディア環境と子ども・若者たちの身体」『教育社会学研究』第 63 集，39-57 頁.

Anderson, B.（1983）*Imagined Community*, Verso.（=2007, 白石隆・白石さやか訳『定本　想像の共同体 — ナショナリズムの起源と流行』書籍工房早山)

Marshall. T. H. & Bottomore, T.（1992）*Citizenship & Social Class*, Pluto Press.（=1993, 岩崎信彦他訳『シティズンシップと社会的階級』法律文化社)

UNDP（1992）*Human Development Report 1992.*

> **column**

SDGs と学校教育

　2015年9月の国連総会で採択された「持続可能な開発目標」(Sustainable Development Goals),通称 SDGs は,2001年に合意され2015年を達成期限とした「ミレニアム開発目標」(MDGs)の後継である。MDGs では極度の貧困や飢餓,教育,保健,医療などの開発が目指されていたが,そこに気候変動や生物多様性,エネルギーなどの環境問題も加わり,SDGs として国際的な開発の枠組みが再出発することとなった。

　SDGs は17の目標と169のターゲットで構成されているが,三宅(2016)はその特徴を5つにまとめている。①貧困の解消と環境の保全という二本柱の統合,②先進国も対象とする普遍主義,③格差問題の重視,④新たな課題や野心的な目標の追加,⑤実施手段の明記の5つである。たとえば,教育に関連する目標では,「すべての人に包摂的かつ公正な質の高い教育を確保し,生涯学習の機会を促進する」(SDGs4)「ジェンダー平等を達成し,すべての女性及び女児の能力強化を行う」(SDGs5)などがある。

　こうした目標を達成するための具体的なターゲットとして,たとえば SDGs4 では,すべての男女が区別なく無償かつ公正で質の高い初等・中等教育を修了できること,教育におけるジェンダー格差をなくしあらゆる子どもが教育や職業訓練に平等にアクセスできること,乳幼児の発達・ケアおよび就学前教育,男女の区別のない技術教育・職業教育を含む高等教育へのアクセス,すべての若者が読み書き能力と基本的な計算能力を身につけること,持続可能な開発を促進するために必要な知識や技能を習得できることなどが掲げられている。

　このように,教育やジェンダーの問題は SDGs でもきわめて重要視されているが,環境保護と統合されたことで,SDGs は MDGs に比べて,より科学や技術の力への期待が大きくなっている。たとえば,衛生的な水とその管理,持続可能な近代的エネルギーへのアクセス,強靭なインフラの構築,包摂的・安全・強靭で持続可能な都市・居住の実現,気候変動とその影響を軽減するための緊急対策,海洋・海洋資源の保全と持続可能な利用,陸域生態系などの保護・回復・持続可能な利用,持続可能な生産消費形態の確保などである。

　理学部や工学部などに所属している学生にとって,国際開発や人間開発について学ぶ機会はそう多くないだろう。しかし,上のリストを一見してわかるように,SDGs の達成のためには,自然科学的な知や技術を応用することが強く要請されている。より正確には,人文社会科学的な知と自然科学的な知の有機的な結

第13章　社会変動と教育　　169

合なしには，達成できないような課題ばかりである。国際開発の問題には，自然科学からのアプローチも不可欠である。今後，こうした分野に少しでも関心のある科学者やエンジニアの輩出を期待したい。

　また，国際開発やSDGsの諸問題は，学校教育の中で扱うのにも適したものである。社会科や理科はもとより，特に18歳への選挙権の引き下げにともない活発化しているシティズンシップ教育に絡めて，総合的な学習の時間などでこうしたテーマを取り上げる価値は非常に高い。たとえば，開発教育協会という団体は開発教育にかかる多数の教材を紹介・販売しているが，その中にはエビの生産と輸出入をめぐる問題を扱った教材など，先進国と途上国の関係性を考えるうえで優良なコンテンツがいくつもある。

　村井吉敬が岩波新書で『エビと日本人』（1988年）を上梓して以来，エビは東南アジアと日本人の関係性を問題視するひとつの象徴である。日本人はエビが大好きであり，子どもにとっても身近な食材であるが，日本で大量に消費されるエビを生産するため，東南アジアではマングローブが伐採され，環境問題を引き起こしている。第13章で触れられているように，国際開発の問題は決して途上国だけの問題なのではなく，先進国と途上国との関係性の問題なのである。シティズンシップの育成という観点からも，こうした視点の涵養が重要となる。

　SDGsの達成のためには，先進国の国際協力が不可欠である。というよりも，SDGsは先進国内部にもある格差や貧困の問題にも照準を合わせている。その土台となるのは，形態こそさまざまであるが，国際開発への市民の参加である。国際開発に参加的な態度や志向をもった市民を育てていくうえでも，日本の学校教育の役割は非常に大きい。　　　　　　　　　　　　　　　　（東野　充成）

参考文献

三宅隆史（2016）「MDGsからSDGsへ」田中治彦ほか編著『SDGsと開発教育』学文社，58-74頁．

column

世界遺産を ICT で保全・管理

　近年，ユネスコ（国連教育科学文化機関；UNESCO）は，各加盟国が経済成長に注力する中で，インフラ整備を始めとする多分野にわたる近代化政策が文化遺産地域の保存計画に悪影響を及ぼしていることに懸念を抱いている（UNESCO 2013）。このような課題を踏まえて，京都ビジョン（2012）では，世界遺産にとっての持続可能な開発モデルを構築する必要があること，そして持続可能な遺産の保存・管理には地域社会といったコミュニティの参画が必要であることが謳われている（外務省 2012）。ラオス人民民主共和国のルアンパバーンは，1995年にユネスコにより多数の建造物や湿地帯，緑地などを含む街全体が世界文化遺産として登録された。ところが，登録後10年以上が経過した2008年の世界遺産モニタリング報告書では，前例のない開発圧力が，世界遺産地域を危機にさらしていることが示唆された（Boccardi and Logan 2008）。

　世界遺産の管理に際しては，膨大な情報を所有することになる。そこでユネスコは，アジアにおけるいくつかの世界遺産で情報通信技術（ICT）を活用した管理システムの導入を促した（UNESCO 1996）。ルアンパバーン世界遺産局（DPL）は，2004年から東京工業大学山口・高田研究室との連携のもと，遺産管理に関する情報の管理および分析に ICT を導入するため，データベースや地理情報システム（GIS）の試行的構築を行っている。

　DPL は，現在，遺産登録後20年を経て，遺産保存マスタープラン（PSMV）の更新を行っている。DPL の ICT ユニットは，PSMV に調査結果を反映させるため遺産地域全体の基盤地図を GIS 上で新たに作成し，現在の建造物の状況に関するデータ収集および分析を実施している。筆者は，DPL と東工大の連携の一環として，2017年9月に，ルアンパバーンの遺産保存地域の中でも優先度の高いエリアにおける建造物のデータの収集，入力，分析を行った。具体的には，まずは CAD ソフトウェアを利用して衛星画像から建造物や道路，川といった地形をトレースする。次にトレースしたデータを GIS ソフトウェアに転送し，建造物毎に属性データを手作業で入力する。入力終了後，地図による属性データの空間分布を可視化するとともに，対象領域における全建造物に対する属性データの分布を示す円グラフを作成して分析を行う。

　データ収集は，基本的に2人一組で実施される。1人は，あらかじめ作成したデータ収集エリアの地図に基づいて，建造物を1軒1軒訪ねて地図と実物を比較し，その位置や形状が正確か否かを確認する。もう1人は，家の所有者にルア

第 13 章　社会変動と教育　　171

ンパバーンの遺産管理のためにデータを収集していることを説明し，DPL で作成された建造物のチェックリストに沿って目視で評価を行う。チェックリストには，建築様式，建築材料，建造物の保存状態など多様な項目が含まれている。

　主要なエリアにおけるデータ収集と入力は ICT チームの 5 名が分担し，2016年 5 月から開始し 16 か月にわたり実施された。そのデータを ArcGIS 上で可視化し，分析することで，各属性データの分布が容易に確認できるようになった。

　また，データ収集と並行して，DPL により住民のルアンパバーンに対する意識向上を目的とした講演会が各村に位置する寺院にて開催された。筆者は，2 つの村にて行われた講演会に参加した。講演会では，それぞれ子どもから高齢者までの幅広い年齢層の参加者が 50 人ほど集まっていた。DPL スタッフや村長によるビデオ上映やプレゼンテーションにてルアンパバーンの歴史や文化が紹介され，各地域の住民との議論が展開された。住民がルアンパバーンに対して誇りをもち，遺産地域保全に関する問題についても深く理解している様子が伺えた。このような取組みは，世界遺産の持続可能な保全・管理に現地コミュニティの積極的な参画を促す非常に効果的な手法であると考える。

　現地のチームとの共同作業として，PSMV という遺産管理には欠かせないマスタープランの更新に向けた活動に携わることで，世界遺産保全における ICT の役割やコミュニティの参画の重要性を実感することができた。　　（上村 一樹）

参考文献

外務省 (2012)「京都ビジョン（仮訳）」. (http://www.mofa.go.jp/mofaj/gaiko/culture/kyoryoku/kyoto_vision.html　2017 年 10 月 21 日最終閲覧)

Boccardi, G. and Logan, W. (2008) *Reactive Monitoring Mission to the Town of Luang Prabang World Heritage Property Lao People's Democratic Republic 22-28 November 2007*, World Heritage Centre and ICOMOS.

UNESCO (1996) *Cities of Asia.* [online] (http://whc.unesco.org/en/activities/498/　2017 年 10 月 21 日最終閲覧)

UNESCO (2013) *Managing Cultural World Heritage,* Paris.

第14章

現代の教育課題

keywords

教師の長時間労働　体罰　いじめ　子どもの多様性
子どもの貧困　外国籍の子ども　LGBT

はじめに

　本章では，これまで触れることはできなかったが，現代の教育を考えるにあたって重要なその他の教育課題について概観する。前半では，学校教育に関する教師と子どもの問題を，後半では，現代社会における子どもの多様性について取り上げる。本章を通して，教育をめぐるさまざまな問題や課題に，少しでも関心をもってもらえれば幸いである。

第1節　教師と子どもをめぐる諸問題

1．教師の長時間労働

　教師をめぐっては，教職課程，教員免許や研修のあり方，指導力不足，同僚教員との関係性などさまざまな課題が指摘されているが，現に働いている教師に焦点を合わせたとき，その最大の問題は教師の長時間労働であろう。連合総研（2016）の調査によると，教師の1日の平均在校時間は，小学校で11時間33分，中学校で12時間12分に達する。また，週の労働時間が60時間以上にのぼる割合は，小学校で72.9％，中学校で86.9％と，ほとんどの教員がかなりの「残業」を毎日

のようにこなしている。過労死や過労自殺という最悪の結末に至った教師も少なからず存在する（東野 2010, 2011参照）。

　では，何が教師を多忙にしているのだろうか。栃木県教育委員会 (2012) によると，小学校では校務分掌が，中学校では校務分掌に加えて，部活動指導が多忙の原因であると，多くの教師が感じている。こうした問題に対しては，物理的に解決できる部分もある。たとえば，校務分掌の内実は事務的な作業や会議であり，学校事務職員を増設したり，その役割を拡充したりすることによってある程度解決が可能である。また，部活動指導に関しても，指導員の外部委託や対外試合の削減，休養日の設定などによって，教員の負担を緩和することは可能である。しかし，より重要なのは教職という職業に根差す問題であり，日本の学校文化そのものに起因する問題である。

　日本の学校教育においては，その目的を子どもの全面的な発達におくことが多い。この目的自体は学校教育として放棄できるものではないが，その役割を教師のみに託すべき必然性はない。学校事務職員をはじめとして，スクール・カウンセラー，スクール・ソーシャル・ワーカー，学校医など，学校教育に関与する職員は多数いる。また，総合的な学習の時間や部活動などでは，地域の人材の活用も図ることができる。文部科学省は「チーム学校」という概念を提唱しているが，教師の職務を限定しつつ，子どもの全面的な発達を目指すうえで，教師と他職種や家庭・地域との連携や協働は欠かせない（第11章参照）。

　ある社会問題が生起すると，学校教育にその長期的な解決への役割が期待されることが多い。「○○教育」という言葉を思い浮かべてみると，いくらでも思いつくだろう。しかし，限られた人員，予算，設備の中で運営されている現在の日本の学校には，新しい教育内容を組み込む余地はほとんどない。仮に組み込めたとしても，指導法や教材の研究などで，また多大な時間と労力を教師は費消することになる。時代に即した教育内容の精選や学校内外での役割分担は，教師の多忙や長時間労働の解消という点からも，求められるものである。

　一方で，いくら職域や教育内容を限定したとしても，教師という仕事は成果を短期的に感じとることができにくい職業のひとつである。そのため，精神的な満

足感は得られにくい。また，教職には，感情をコントロールしなければならない感情労働という側面もあり，学校行事や部活動などにおいては，子どものリスクを管理しなければならない（第10章参照）。そのため，精神的な負荷は非常に大きい。こうした教師という仕事の特質を踏まえるならば，やはりある程度職務を限定することは必要である。また，職務の範域を画する基準をある程度明確化することも欠かせない。教師が，安定した，ゆとりのある働き方ができない学校では，子どもの発達を支えることもできない。

2. 体　罰

　体罰は，学校教育法第11条によって明確に禁止されている。にもかかわらず，体罰にかかわる事案は恒常的に発生し，なかには体罰を苦にして自殺する子どももいる。文部科学省 (2016) の調査によると，2015年度中に体罰の被害を受けた児童生徒は，小学校で321名，中学校で643名，高校で437名に達する。基本的に部活動のない小学校では53.1％が授業中に発生しているが，中学校では28.8％が，高校では32.4％が部活動中に発生しており（授業中は，中学校で27.9％，高校で29.6％），部活動が体罰のひとつの温床になっている（これらはあくまでも懲戒処分に至ったものであり，暗数が存在することに注意しよう）。

　体罰に至る背景としては，たとえば運動部活動においては，自らも受けてきた体罰を再生産する，勝利へのプレッシャーから行き過ぎた指導が横行する，体罰も身体訓練の一環として認識されていることなどが考えられるが，その根源にあるのは，教師と子どもの間の関係性の認識の欠如と指導力不足である。指導や評価，選抜を行う教師とその対象である子どもとの間には，否応なく垂直的な権力関係が埋め込まれている。こうした関係性は必然的に独善的な指導や力による抑圧を招きがちである。であるからこそ，法は体罰を禁止し，教師の権力の行使に一定の歯止めをかけようとしているわけである。

　では，教育は何によって成立しているのだろうか。それは言葉である。教育を知識や技術，価値，規範などを教授する営みととらえるなら，それは言葉による

外ない。逆に，言葉によって，子どもたちを指導したり，説得したり，叱正したりすることができないのならば，それは教師としての指導力不足と言わざるを得ない。「痛みをともなわなければ子どもは理解しない」などと，体罰を容認するような風潮も一部存在するが，体罰とは決して指導ではなく，暴力であるという認識を銘記する必要がある。

3．いじめ

　体罰は教師－子ども間の暴力の問題であるが，子ども同士の暴力の問題がいじめである（教師がいじめの加害者集団に加わることもあるが）。文部科学省（2016）の調査によると，2015年度中に認知されたいじめの件数は，小学校で151,900件，中学校で59,422件，高校で12,654件となる（認知という言葉が用いられている通り，あくまでも表に出た数値である）。いじめの態様としては，冷やかしやからかい，たたく，蹴るといった軽い暴力が多いが，ネットでの誹謗・中傷が小学校で2,072件，中学校で4,608件，高校で2,366件報告されている。さらに，いじめ防止対策推進法第28条に規定されている重大事態（いじめにより当該学校に在籍する児童等の生命，心身又は財産に重大な被害が生じた疑いがあると認めるとき。いじめにより当該学校に在籍する児童等が相当の期間学校を欠席することを余儀なくされている疑いがあると認めるとき）も，小学校で111件，中学校で137件，高校で44件報告されている。

　さまざまないじめ事件やいじめ自殺事件が出来する中で，いじめについては学術的にも社会的にも重大な関心が払われてきた。その中から，森田・清永（1986）の「いじめの4層構造論」など，特筆すべき社会理論も生み出された。教室を舞台に見立て，被害者・加害者・観客・傍観者という構造の中でいじめが発生・継続するメカニズムを理論化したもので，被害者・加害者の個人的な関係にいじめの原因を帰することなく，集団的なダイナミクスの中でいじめをとらえた。その後提唱されたさまざまな理論も，多かれ少なかれ，教室という集団の構造を問題としている。

一方で，いじめという概念が社会的に問題視されるようになった経過や，いじめの定義自体を問い直す構築主義的な研究も盛んに行われている。構築主義が提起することは，いじめという言葉そのものを問い直すことの重要性である。いじめ＝学校教育の問題という公式が成立すると，ひとくくりにいじめとされる各々の行為の内実が問われることがなくなってしまう。いじめ防止対策推進法では重大事故という概念が規定されているが，そこに至らなくても，犯罪を構成する行為はいじめとよばれるものの中に多分に含まれている。しかし，いじめとひとくくりにされると，犯罪行為であるという点が見えにくくなる。被害者の人権を守るためにも，いじめという言葉の意味を問い直すとともに，その問題の対処にあたっては，警察や福祉機関などとの連携も視野に入れる必要があるだろう。

第2節　現代社会における子どもの多様性

1．「ふつう」とは何か

　子どもの多様性を考えるにあたって，まずは「ふつう」とは何か，ということを考えてみてほしい。

　「あの子はふつうの子」，「その行動はふつうじゃない」……。学校でよくこのような言葉を使ったり耳にしたりしたことはなかっただろうか。学校教育の現場に限らず，「ふつう」という言葉を私たちは無意識のうちによく使っている。「ふつう」という言葉の意味を辞書で調べると「たいてい。一般に。通常。」（『明鏡国語辞典』北原保雄編，大修館書店，2002年）と掲載されている。私たちは「ふつう」という言葉を「自分以外のみんなが共有している」ことを想定して使っている。

　しかし，たくさんの子どもが集まる学校という場においては，自分にとっての「ふつう」が，実はほかの人の「ふつう」とは異なっていることもあるだろう。これは，すぐ隣にいる友だちとの間でも起こり得ることでもある。たとえば，出身地の異なる友だちとの会話の中で，習慣や文化の違いに驚いた人もいるのでは

第14章　現代の教育課題　177

ないだろうか。学校の中の小さな教室の中でも，一人ひとりの子どもの家庭環境や生活習慣の違いなどから，自分にとっての「ふつう」がふつうではなくなってしまう場面が生じることは往々にしてある。

　ここから何が言えるかというと，自分にとっての「ふつう」を全く疑うことなく，正しいものだと信じすぎていると，いろいろな事情によって異なる考え方や習慣を身につけている人たちを自分の価値観の枠の中に当てはめて評価してしまう危険性があるということである。教師と生徒の間，または生徒同士の間において，自分の「ふつう」を基準とし，それが正しいと思い込んで相手に接してしまうと，さまざまな軋轢や不信感を生んでしまいかねない。なぜならば，自分がもっている「ふつう」を押し通してしまうと，相手がこれまでの人生の中で培ってきた価値観を否定してしまうことにつながってしまうからである。

　もちろん，共通の「正しさ」が全くない社会は，皆の意識がバラバラになってしまい，秩序のない社会になってしまう危険性がある。しかし，誰かにとっての「ふつう」を全員にあてはめようとすると，そこからこぼれ落ちてしまう人があらわれてしまう。このバランスをとることはとても難しいことだが，大切な事でもある。

　教員を目指すにあたっては，自分にとっての「ふつう」とは何か，その「ふつう」はどのようにして作られたのかというように，自分が持っているさまざまな思い込みや当たり前を一回，問い直す作業をしてほしい。「ふつう」とは何かを考えることによって，教育と社会の間に張り巡らされている私たちの価値観を形成するさまざまなメカニズムに気づくことができるだろう。

2．現代社会における多様な子どもたち

（1）子どもの貧困

　厚生労働省の「平成28年 国民生活基礎調査」によると，日本における2015（平成27）年の17歳以下の子どもの相対的貧困率は13.9%である。17歳以下の子どもの7人に1人は相対的貧困の状態にある。さらに，ひとり親世帯の子どもの

貧困率は50.8％となっており，大人が世帯に２人以上いる世帯の子どもの貧困率が10.7％であることと比べると，ひとり親世帯の暮らしの厳しさがうかがわれる結果となっている。

　日頃，不自由のない生活をしていると，日本は豊かな国であるという感覚をもってしまいがちであるが，子どもの貧困率はOECDの平均13.3％を上回っており，日本は決して豊かな国であるとはいえない状況である。13.9％の子どもが相対的貧困の状況にあるということは，学校で１学級が40人だとすると，クラスの中に５〜６人は相対的貧困の子どもが在籍していることとなる。

　こうした相対的貧困の状況にある子どもの存在は非常にわかりづらい。われわれがイメージする「貧困」の状態とは，屋根のある家に住めずに路上で生活している等，誰の目から見ても明らかに貧しい状態である貧困であることが多い。これはいわゆる「絶対的貧困」の状態である。一方で，相対的貧困の状況とは，所属している社会の中で「あたりまえ」，「人並み」の生活を送ることができない状態である貧困のことである。たとえば，朝・昼・晩の三食を食べることができない，新しい下着が買えずに着替えの時に恥ずかしいので体育のある日は学校に行くことができない，給食費や修学旅行費が払えない，おこづかいが貰えないので休日の友人づきあいをすべて断る，といったことである。こうした相対的貧困の状態にある子どもは，わかりづらいがゆえに，学校教育の中において，皆と同じことができないといったことから，学業不振，不登校，なかにはいじめの対象になってしまうこともある。

　こうした貧困状態にある小，中学校に在籍する子どもに対しては，各市町村において「就学援助」という経済的支援策が設けられている。就学援助は，学校教育法第19条「経済的理由によって，就学困難と認められる学齢児童又は学齢生徒の保護者に対しては，市町村は必要な援助を与えなければならない」という法的根拠のもと，生活保護法で定める要保護者，準要保護者に対して支給されるものである。援助の対象となる範囲は自治体によって異なるが，学用品費，体育実技用具費，新入学児童生徒学用品費，通学用品費，通学費，修学旅行費，校外活動費，クラブ活動費，生徒会費，PTA会費，医療費，学校給食費などが含まれ

ることが多い。

こうした就学援助の情報は，市町村のHP，役所・役場の掲示やパンフレット
で周知されているが，貧困世帯の保護者は仕事に追われて忙しかったり，こうし
た情報にアクセスしなかったりするケースが多く，援助の情報が行き届かないこ
とが多い。最近では，学校で就学援助の情報提供をすることが多くなってきたよ
うではあるが，教員が日ごろから生徒の様子をよく把握し，必要であると感じた
際には，保護者に情報提供するなどの支援をすることは，学校や教師にできるこ
との一つであると考えられる。

貧困は子ども自身の努力や頑張りで何とかできる問題ではない。こうした子ど
もの貧困に対して，内閣府は2013年に「子どもの貧困対策の推進に関する法律」，
2014年に「子供の貧困対策に関する大綱」を制定し，その中において，学校は子
どもの貧困における重要な"プラットフォーム"であると示している。貧困と
いった，家庭の経済的な問題に対して，学校や教師は何もできないとあきらめる
のではなく，こうした子どもの存在を「知ること」，支援制度の存在を「知らせ
ること」，大人として教育関係者としてできることを「すること」が重要なので
はないだろうか。

（2）国　籍

現在の日本の学校には多くの外国人の児童生徒が在籍している。文部科学省
による「外国人児童生徒等に対する教育支援に関する基礎資料」によると，平成
26年度における日本の国公私立学校における外国人の児童生徒数は78,630人と
なっている（文部科学省 2015）。同じく，文部科学省の「日本語指導が必要な児童
生徒の受入状況等に関する調査（平成28年度）」によると，公立学校に在籍する日
本語指導が必要な児童生徒数は，34,335人となっており，公立学校に在籍する外
国人生徒の約4割が日本語指導を必要としている状況となっている（文部科学省
2017）。特に近年，増加傾向にあるのが，両親，またはどちらかの親が外国人で
日本語を子どもに教えられなかったケース，または長いこと海外生活をしてお
り，十分に日本語が習得できなかったケースによる「日本国籍で日本語指導が必

要な児童生徒」である。こうした児童生徒は，2004（平成16）年では3,137人であったものが2014（平成26）年には7,897人となっており，10年間で倍増している。このように，教室の中に外国人，または日本国籍であっても日本語が十分に理解できない生徒が在籍することは，珍しいことではなくなってきている。地域によっては，外国人の労働者を多数受け入れている企業があったりする関係で，1クラスに複数の外国人の児童生徒がいるケースも見受けられる。

　このように外国人の児童生徒が，多くの日本人の生徒とともに一つのクラスの中で学ぶことになると，さまざまな問題が発生する可能性がある。たとえば，給食の際，宗教上の理由から特定の食材が食べられないという問題，言語によるコミュニケーションがうまく取れないことから周囲の子どもたちとなじめない，またはトラブルになるといった問題，さらには，日本語で行われる授業についていくことができず，高校進学もままならないといった問題などである。こうした問題から，不登校になってしまうケースも多く，進学問題においては，日本でずっと暮らすことになる場合，高校進学がかなわないとなると，職業の幅も限られてくることから，将来的に非常に苦しい生活を余儀なくされることも考えられる。そのため，文部科学省では，「外国人児童生徒等に対する日本語指導の充実のための教員配置」を進め，学級数等から算定されるいわゆる基礎定数とは別に，外国人児童生徒の日本語指導を行う教員を配置するための加配定数を措置している。また，日本語指導者等に対する研修の実施や多言語による就学ガイドブックの作成・配布などの支援を行っている。

　一方で，学校教育においては，生徒，保護者に対する多文化理解を促す教育実践が必要不可欠となる。日本においても古くは「郷に入れば郷に従え」といったような，マイノリティ（外国人）がマジョリティ（日本人）の文化に合わせるような考え方も存在していたが，近年においては，かつてアメリカにおいて，白人社会への同化によって新しい文化を創造しようとした「メルティングポット（るつぼ）」という概念から，多様な人種がそれぞれの文化をそのまま生かし合って一つのコミュニティに共存する「サラダボウル」といった概念へと変化したように，互いの文化を尊重し合い，それぞれが独自性を生かしながら共存するといっ

第14章　現代の教育課題　　181

た視点からの多文化教育が必要であろう。[2] こうした考え方を学ぶにあたっては，子どもたちのみならず，保護者も交えての参観授業などによって，外国人の保護者が保護者同士の間で孤立しないような取り組みも有効な方法の一つであると考えられる。

（3）性の多様性

近年，学校教育においてもようやく「性の多様性」について，取り上げられるようになってきた。これまで，学校教育において，男女の社会的・文化的な性役割といった観点からジェンダーの問題は取り上げられてきたが，性的少数者（セクシャル・マイノリティ）については，なかなか注目されることはなかった。

性的少数者（セクシャル・マイノリティ）とは，「性別は男と女の二種類であって，基本的に男性と女性とが対になって恋愛や結婚をする」といった「性別二元論」，「異性愛主義」の規範に収まらない人々，たとえば，同性愛，両性愛，性同一性障害といった人々のことを指す言葉である。近年では Lesbian，Gay，Bisexual，Transgender の頭文字を取った LGBT といった表現をすることが多くなっている。学校教育の現場においても，こうした LGBT と称される子どもたちは確実に存在しており，こうした児童・生徒たちへの差別や偏見をなくし，配慮をもって教育を受けられるようにという観点から，文部科学省は2010（平成22）年に「児童生徒が抱える問題に対しての教育相談の徹底について」の中で，性同一性障害の児童生徒についての配慮を要請，2015（平成27）年には「性同一性障害に係る児童生徒に対するきめ細かな対応の実施等について」，2016（平成28）年には「性同一性障害や性的指向・性自認に係る，児童生徒に対するきめ細かな対応等の実施について（教職員向け）」を公表し，配慮の範囲を性同一性障害のみならず，性的指向や性自認にまで広げるかたちで教職員の理解を促している。しかし，その一方で，いまだに教科書等において，異性愛主義を「ふつう」であるとの前提での表現が散見されるといった問題もあり，性の多様性に対する認識の広がりには程遠い状況となっている。

これからの教員には，社会における性に関する「ふつう」，「一般的」といった

概念にとらわれず，性に関しては人の数だけさまざまな意識や指向があるということを教員自らが理解し，生徒たちへも伝えていく姿勢が重要となってくるだろう。

おわりに

　学校教育をめぐっては，まだまだ多くの問題が存在している。また，学校で起こる問題というものには，おそらく一つとして全く同じケースは存在せず，教師としてはケース・バイ・ケースの対応を求められる。学校教育をめぐっては，ここでは取り上げられなかった数多くの教育問題が山積しているわけであるが，こうした教育問題に対して，日頃から興味・関心をもち，多角的な視点から原因と解決策を考え続ける姿勢が必要であろう。　　　　　［東野　充成・谷田川　ルミ］

考えてみよう

1. 教師の長時間労働を解消するためには，どのような方策が考えられるか，考えてみよう。

2. 学校における暴力（体罰，いじめ，対教師暴力など）はなぜ発生するのか，またどのような対策をすればよいのか，考えてみよう。

3. 子どもの多様性について，貧困，性，国籍以外では，どのようなものが考えられるだろうか。また，教師として，子どもの多様性にどのように向き合っていけばよいのか，考えてみよう。

注

1）相対的貧困率は，貧困線（等価可処分所得，すなわち世帯の可処分所得（収入から税金・社会保険料等を除いたいわゆる手取り収入）を世帯人員の平方根で割って調整した所得）の中央値の半分の額）を下回る等価可処分所得しか得ていない人の割合。

2）「メルティングポット」とはさまざまな金属を溶かして合成金属を作るための容器のことで，多民族国家のアメリカにおいて，それぞれの民族の文化を融合し

て別の文化を作る概念を指していた。「サラダボウル」とは，サラダのように，いろいろな種類の野菜が素材を生かしたまま，一つのボウルの中で混在して美味しい料理になっていることで，それぞれの文化の独自性を保ったまま，一つの社会を作る概念を指している。

参考文献

東野充成 (2010)「教員の過労自殺に関する研究 ― 判例の分析を通して」『九州工業大学研究報告 (人文・社会科学)』第 58 号，35-44 頁.

東野充成 (2011)「教員の過労死に関する研究 ― 判例の分析を通して」『九州工業大学研究報告 (人文・社会科学)』第 59 号，1-19 頁.

北原保雄編 (2002)『明鏡国語辞典』大修館書店.

厚生労働省 (2016)『平成 28 年 国民生活基礎調査』.

文部科学省 (2015)『外国人児童生徒等に対する教育支援に関する基礎資料』.

文部科学省 (2016)『平成 27 年度 児童生徒の問題行動等生徒指導上の諸問題に関する調査』.

文部科学省 (2017)『日本語指導が必要な児童生徒の受入れ状況等に関する調査 (平成 28 年度)』.

森田洋司・清永賢二 (1986)『いじめ ― 教室の病い』金子書房.

連合総研 (2016)『日本における教職員の働き方・労働時間の実態に関する調査研究報告書』.

栃木県教育委員会 (2012)『教員の多忙感に関するアンケート調査』.

索　引

あ行

アクティブ・ラーニング　78, 85, 86, 90, 91
新しい学力観　71
ESD　166, 167
EFA宣言　51
生きる力　72, 74, 75
いじめの4層構造論　176
いじめ防止対策推進法　176, 177
一斉教授法　87, 88
命てんでんこ　123
インクルーシブ教育　29
えじこ　19
SDGs　169
LGBT　182
オープンスペース　88, 89, 91

か行

学習指導要領　69-76, 79, 84, 85, 116, 118
学習指導要領（試案）　70
学制　57, 69
隠れたカリキュラム　95, 108, 118
学校安全計画　120
学校運営協議会　140
学校教育法　6, 64, 81, 97, 175, 179
学校支援地域本部　140
学校選択制　6, 143, 145
学校統廃合　143-145
学校保健安全法　119, 120
学校令　58
カリキュラム　69
カリキュラム・マネジメント　76, 77, 79, 86, 123, 129
感情労働　175
官僚制　96
機会の平等　3, 153

危険等発生時対処要領　121
キー・コンピテンシー　73
義務教育の段階における普通教育に相当する教育の機会の確保等に関する法律　9
キャリア教育　111, 112
キャリア発達　112, 116
教育基本法　7, 64, 70, 97
教育義務制　48
教育刷新委員会　64
教育勅語　59
教育内容の現代化　71
教育の機会の確保等に関する法律　10, 11
教育令　58, 69
グローバル化　163-165, 167
結果の平等　3
言語コード論　150
限定コード　150
元服　20
コア・カリキュラム　70
高等小学校　60
国民学校　63
国民国家　44, 163-165
国連ミレニアム開発目標（MDGs）　51, 169
御真影　63
子ども会　138, 139
子供組　23, 137
子どもの貧困対策推進に関する法律　180
子どもの貧困率　179
コミュニティ　135
コミュニティ・スクール　140, 141, 144, 145
コンピテンシー　73-75

さ行

サイエンス・コミュニケーター　15
実業学校　60
実業補習学校　61, 62

しつけ 20, 147
シティズンシップ 158, 159, 163, 165, 167
シティズンシップ教育 157, 159, 165, 166, 170
児童の権利条約 26
師範学校 58, 59
社会化 31, 32, 35-40, 99, 134, 136, 137, 139, 147
社会化エージェント 144
社会的人間 31
就学援助 179, 180
就学義務制 48
修身科 59
準拠集団 39, 40
消極教育 21
ショウビズム 166
情報社会 159, 161, 162
職業訓練校 115
所属集団 39
新教育運動 21, 22
新自由主義 6, 7, 49, 50
尋常小学校 60
進路指導 109-113, 115
スウォドリング 18
スクールカースト 103
生徒文化 102, 104
青年会 23, 24
青年学校 62
青年訓練所 62
青年団 24
精密コード 150
生理的な早産 147
絶対的貧困 179
総合的な学習の時間 72, 76, 77, 79, 86, 87, 120, 122, 123, 125, 130, 170, 174
想像の共同体 164
相対的貧困 179, 183

た行
第一次社会化 147
第一次集団 37, 38, 134
大衆教育社会 3
第二次集団 37, 38
確かな学力 72
多文化教育 49, 99, 182
地域学校協働本部 140, 141
地域若者サポートステーション 115
チーム学校 142, 174
Team Teaching 87
地方教育行政の組織及び運営に関する法律 6, 140
チャータースクール 49, 131
中退 114, 115
通過儀礼 20
道徳の時間 70
徳育論争 59
友だち地獄 161
トラッキング 118

な行
ナショナリズム 165
人間開発 166, 167
年齢階梯 137

は行
ハイパー・メリトクラシー 75
バウチャー 49, 50
発達課題 34, 38
ハビトゥス 148, 149
PDCA 77, 79, 81
比較教育学 52
PISA 73-75
PISAショック 73
不登校 8, 9
不本意進学 111
ブミプトラ政策 45
フリースクール 9, 10
プログラミング教育 92

文化資本　148，149，151-153
文化的再生産　150，151，153
ペアレントクラシー　153，154，156
ヘゲモニー　160
奉安殿　63，64
ホームスクーリング　93
保守主義　7

ま行
娘組　102
メディア悪玉論　160
メディア・ミックス戦略　161
メディア・リテラシー　162，163
メリトクラシー　2-4，153

や行
野生児　32，33

ゆとり教育　72
ゆとりの時間　71
ヨイコ　22
幼稚園教育要領　71，74

ら行
理科離れ　14
リテラシー　73，74，162
臨界期　34
臨時教育会議　61
臨時教育審議会（臨教審）　5，64

わ行
若者組　23，102，137

【編著者紹介】

東野 充成（ひがしの みつなり）

1977年	大阪府生まれ
2004年	九州大学大学院人間環境学府発達・社会システム専攻博士後期課程修了　博士（教育学）
現　在	九州工業大学教養教育院教授
専　門	教育社会学

主要著書

『子ども観の社会学』（大学教育出版, 2008年）

『ピア・パワー ── 子どもの仲間集団の社会学』（共訳書, 九州大学出版会, 2017年）

『揺らぐサラリーマン生活』（共著, ミネルヴァ書房, 2011年）

谷田川 ルミ（やたがわ るみ）

1969年	千葉県生まれ
2011年	上智大学大学院総合人間科学研究科教育学専攻満期退学　博士（教育学）
2011年	立教大学大学教育開発・支援センター 学術調査員
現　在	芝浦工業大学工学部准教授
専　門	教育社会学

主要著書・論文

『大学生のキャリアとジェンダー ── 大学生調査にみるキャリア支援への示唆』（学文社, 2016年）

『子ども・青年の文化と教育』（共編著, 放送大学教育振興会, 2017年）

「若年女性の家庭志向は強まっているのか？ ── 女子学生のライフコース展望における10年間の変化 ── 」『年報社会学論集』（関東社会学会, 2010年）など

理系教職のための 教育入門

2018年3月30日　第一版第一刷発行

	編著者	東野　充成
		谷田川ルミ

発行者	田中　千津子	〒153-0064　東京都目黒区下目黒3-6-1
		電話　03（3715）1501（代）
発行所	㈱学文社	FAX　03（3715）2012
		http://www.gakubunsha.com

© M. HIGASHINO & R. YATAGAWA 2018　　　　　Printed in Japan

乱丁・落丁の場合は本社でお取替えします。　　　印刷　新灯印刷㈱

定価は売上カード, カバーに表示。

ISBN978-4-7620-2773-4